JN071408

重度障害者が国会の扉をひらく！

木村英子・舩後靖彦の議会参加をめぐって

上保晃平 著　堀 利和 監修
UWABO Kohei　HORI Toshikazu

社会評論社

監修者の言葉

堀　利和

本書は、一橋大学社会学部の上保晃平の学士論文に手を加えて、特に第6章「『生きざま政治のネットワーク』を読んで」を書き下ろしていただき、また、資料として『視覚障害者議員はいま』の冊子などを掲載して、それを一冊の本として出版したものである。その学士論文は、「障害と議会参加　―木村英子・舩後靖彦議員の活動から考える―」であった。この論文名を、書籍名としては『重度障害者が国会の扉をひらく！　―木村英子・舩後靖彦の議会参加をめぐって』とした。

政治や議会に対する本書の基本的な思想に貫かれている姿勢を、次のように言い換えることもできよう。

国連総会で障害者権利条約が採択されるにあたって、世界中の障害者たちが、「私たち抜きに、私たちのことを決めないで」と合言葉を発した。それは、「障害者抜きに、私たちの政策を決めないで」ということにもなる。また、重症心身障害児施設びわこ学園の創設者・糸賀一雄は、

「この子らに世の光を」ではなく、「この子らを世の光に」と訴えた。だから「障害者の生きざまに政治の光を」ではなく、「生きざまを政治の光に」となる。

木村・舩後参議院議員は、2019年7月の参議院選挙でれいわ新選組から比例区特定枠で立候補し、みごとに当選した重度障害者の二人である。当選直後から初登院するまで、そしてその後においてもニュースで大きく報道された。そもそも参議院の構造物や議会運営、慣例等が重度の二人を想定しておらず、言い換えれば、障害を持たない健康な健常者議員を前提にした「空間」「時間」になっているからである。

戦後においては、そして二人が当選するまでの間、車いすの八代英太、視覚障害の私の二人の国会議員がたしかに存在していた。しかし、私たち二人についてはすでにある程度ハード・ソフト面では改善も改革もそれなりになされてきたが、やはり木村・舩後の二人の最重度の議員にはその程度の改善改革では十分対応できていなかったことも事実である。まさに二人は、それまでの国会議員にとっては「異邦人」なのである。

二人の生きざまと議員活動はもちろんのこと、私の議員活動も加えてインタビュー形式で学士論文に収録され、そしてそれに概ね基づいてここに一冊の本が誕生する運びとなった。あわせて、木村議員の自立生活に対しても従前より深く関わってきた重度障害者の三井絹子の自らの脱施設から地域生活への、そしてその過程における議員などとの出会いと政治的対応の具体的な活動もリアルに描かれている。

この学士論文を通して一冊の本として私が出版したいと思ったのは、いわば最重度といわれる障害者たちが、地域生活を巡っていかに過酷な環境のなかで生き、闘い、活動し、仲間づくりの運動を創ってきたかを如実に物語っているといえるからである。そのことがむしろ議会参加の政治テーマを通して、つまり生活は政治に深く関わっていること、障害者の社会的存在の厳しい状況をも知っていただきたかったからである。生活もまた政治であり、政治は社会生活の反映でもある。さらに政治的社会的背景とその背後に通底する思想的位相をも感じ取っていただければそれ以上のことはない。このように、一冊の本にまとめあげて出版できたことに私としても多いに喜ぶところであり、その意義と価値を提起する次第である。

２０２１年３月吉日

重度障害者が国会の扉をひらく！
——木村英子・舩後靖彦の議会参加をめぐって

＊目次＊

はじめに

２０１９年7月21日に投開票が行われた参議院議員選挙で、重度障害者二名がはじめて国会議員となった。そのうちの一人、木村英子は生後８か月の時に歩行器ごと玄関から落下して重度の身体障害をもち、大型車いすで生活をしている。そしてもう一人、舩後靖彦は42歳のときに難病ＡＬＳと診断され、大型車いすや人工呼吸器などを使用して生活をしている。また、舩後はまばたきで合図して介助者に文字盤で一文字ずつ読み取ってもらう方法や、チューブを噛んで反応するセンサーによって操作するパソコンを使って意思疎通を図る。

二人は元俳優の山本太郎が代表を務めるれいわ新選組から出馬し、比例区特定枠で当選した。この出来事は驚きをもって受け止められ、初登院の際には報道陣が二人を何重にも取り囲んだ。その後、二人は障害当事者独自の視点から次々と問題提起をしている。たった２議席でありながら、「数の政治」とは異質の影響力を持っている。

この二人の議員活動を糸口に、障害者の議会参加について考えたい。障害者が議員になることにどのような意義があるのか。どのような〈障害〉が議員になることや議員活動の妨げとなっているのか。それらの疑問に取り組むことが本書の狙いである。

しかし、二人の議員活動だけを論じて終わるつもりはない。筆者は障害者の議会参加を考えることで、いかに政治や社会が健常者中心にできているか、いかに障害者がそこから排除されているかということを、その一部ではあるが示したい。多くの人にとっては些細なことであっても、ある人にとっては命に関わるほど重大な場合がある。さらに言えば、有事において障害者の命は一番に「選別」されかねない。そのような事態を避けるためにも、民主主義体制のもとで障害者が政治（特に議会）に参加することには大きな意義があるのではないだろうか。

序章では、障害について考える前提として「障害の社会モデル」を紹介する。また、２０１４年に日本政府が障害者権利条約に批准したことによって、障害者の「効果的かつ完全」な政治参加が求められるようになった。政治や行政の場への「当事者参画」も徐々に進んでいる。本書の最初にそのことを確認する。

第１章では、２０１９年参院選で木村英子と舩後靖彦が当選できた背景を考える。健常者中心の政治システムのもとで、二人はいかに〈障害〉を回避して当選をしたのか。山本太郎やれいわ新選組、「特定枠」制度などを政治学的に考察する。

第２章では、国会議員となった木村と舩後がどのような問題に取り組んでいるのかをまとめる。健常者が代弁するのではなく、障害当事者自らが議会に参加する意義を考える。

第3章では、木村英子と関係の深い三井絹子の半生を追う。重度障害がある絹子は施設から地域へ出て、その後も東京都国立市において「闘い」を続けてきた。筆者は障害者の自立生活を支援する絹子らの活動に参加し、そのなかで聞き取り調査を行った。その成果を踏まえ、1970年代以降の障害者運動や三井夫妻の政治活動について論じる。そこからは、彼女らの「闘い」の延長線上に木村英子の議員活動があることがわかるだろう。障害者が脚光を浴びたのはれいわ新選組の躍進によってだったが、その背後には数十年にわたる運動の積み重ねがあるのだ。

第4章には、木村英子議員に行ったインタビューを収録する。木村と三井夫妻の関係や参院選に立候補した経緯、議員活動の実際などについて知ることができる。

第5章には、堀利和元参議院議員に行ったインタビューを収録する。視覚障害がある堀は戦後国会史上二人目の障害者議員として、社会党・民主党で2期12年の任期を務めた。彼自身の経験に加え、障害者の議会参加の課題や障害者を取り巻く現状といった幅広い話題について知ることができる。

第6章では、堀が1990年代に取り組んだ障害者議員ネットワークの活動について論じる。ネットワークは障害者議員を増やすだけでなく、政治と社会をつなぐ新たな媒体を立ち上げる試みでもあった。

終章では、それまでの考察や調査を踏まえて、議会参加の〈障害〉を理論的に考える。政治や社会の〈障害〉をより明確に捉え、それを除去するための足掛かりとしたい。

本書は2021年1月に筆者が一橋大学社会学部に提出した学士論文「障害と議会参加―木村英子・舩後靖彦議員の活動から考える―」の内容を加筆修正したものである。また、新たに第6章を書き下ろし、第5章末尾の堀の文章と巻末の資料を加えた。

当事者への聞き取りやインタビューで構成される第3章~第5章では、筆者による解釈を極力避けている。具体的で興味深い話が続くので、先に読んでもらっても構わない。それぞれに意見や主張が異なる点もあるが、だからこそ広く議会参加を進めるべきだというのが筆者の考えであることをここで述べておく。

ところで、障害者の議会参加についての先行研究や類書は非常に少ない。れいわ新選組や木村英子・舩後靖彦議員の活動、三井絹子の「闘い」をそれぞれ論じたものは散見されるが、その関係性を含めて政治の文脈で包括的・体系的に扱ったものは存在しない。各分野の研究を参考にしつつ考察を進め、聞き取り調査やインタビュー調査も加えて、さらに筆者なりの試論を展開するつもりである。

また、研究の過程でお世話になった方々も含め、基本的に本書では敬称略とする。ご容赦いただきたい。引用中の「……」は筆者による中略を表し、ルビや強調は原文ママとする。

序章　障害は政治的なこと
――社会モデルと当事者参画

最初に、本書の前提となる視点を提示する。「障害の社会モデル」「当事者参画」は、障害者の議会参加を考えるうえでのキーワードである。

第1節　〈障害〉の考え方

障害をめぐる考え方は、「障害の個人モデル」（あるいは「障害の医療モデル」）から「障害の社会モデル」へと転換しつつある。個人モデルとは、障害を個人の身体内の問題として捉え、医療やリハビリテーションによって治療することを目指すパラダイムである。一方、それに反発する社会モデルと呼ばれる考え方が、１９８０年代から世界的に広がりはじめた。

社会モデルとは、基本的には、障害を個人的次元であるインペアメントと社会的次元であるディスアビリティに切り分けて、後者を制度的障壁として捉えて変革を図るというものである。イギリス障害学の父とされ、障害当事者でもあるマイケル・オリバーが１９９０年の著書 *The Politics of Disablement*（『無力化の政治』[注1]）で明確に示した。

それら障害学の知見を踏まえて、本書で「障害の社会モデル」とは、障害を私事化してきたインペアメントと医療・リハビリテーションをとりあえず括弧に入れ、社会（身体外）に存在する障壁としての〈障害〉に注目する考え方を指すこととする。ここでいう〈障害〉とは、主観的なものと客観的なものの双方を含む。[注2] また、この理解では医療やリハビリテーションによって障害を克服しようとすることは、必ずしも否定されない。しかし、障害を個人ではなく、社会の問題として捉える点は強調してもしすぎることはないだろう。

オリバーは『無力化の政治』というタイトルの通り、「個人を障害化／無能力化 disablement するものが社会のディスアビリティ disability であり、障害者 disabled people とは、社会のディスアビリティによって『無能力化された人々』という意味」だと考えた［杉野２００７：６頁］。すなわち、障害の意味を捉えなおすことで障害を政治化したのである。

この考えを引き継ぎ、本書では「害」という否定性を当事者個人ではなく社会へと向けると

いう意味で、あえて「障害」と表記することとする。(注3)

それでは、個人モデルから社会モデルへのパラダイムシフトはなぜ起きたのだろうか。小児科医で自身にも麻痺がある熊谷晋一郎［2020］によると、その背景には二つの要因がある。まず、先進国の財政悪化によって個人モデルによる局所最適化が許容できなくなった。従来は医者の権威に依拠して障害が「治療」されていたが、統計に基づくエビデンス主義が広がり、そのような治療法に疑いも出てきた。

また、抑圧や無理なリハビリに対抗して、障害当事者たちが社会の側を変数化していった。そのような障害者運動の歴史については本書でも簡単に触れる。

このように、効率性や財源を理由にした右派的な発想と障害者の権利に基づく左派的な発想が社会モデルという考え方で一致したことが、その拡散に寄与したという。

第2節　「障害者議員」とは誰か

「障害者議員」とは誰を指すか。社会モデルのもとでは、そのことが非常に曖昧になる。例えば、病気によって様々な困難がある場合はどうだろうか。あるいは、障害者手帳を持っているが周囲からは一見わからず、公表もしていないという場合はどうだろうか。

そもそも、個人モデルは障害を一つ一つ診断して特定する医療と密接に結びついており、現在は身体障害・知的障害・精神障害（・発達障害）に障害を区分している。一般的に障害者とはそれに基づいて行政に障害者手帳を交付された者であり、そうなると「手帳を持つ議員」が「障害者議員」の必要十分条件ということになる。しかし、本書ではその立場をとらない。

すこし遠回りになるが、まずは障害と病気の違いについて考えてみる。障害を医療やリハビリテーションの範囲に含める限り、それは個人的な問題として処理されてしまう。したがって、社会モデルの考え方ではできる限り障害を「脱医療化」しようとする。

一方で、往々にして障害と病気の境界は曖昧であり、社会モデルでは尚更そのような問題が生じる。それでは、どうすればよいのか。例えば、社会学者の立岩真也［２０１８］は、次のような足掛かりは示すことができるという。

> 障害は、……（１）機能の差異、（２）姿形・生の様式の差異を示し、加えて（５）加害性が懸念されてきた。それに対して病は――伝染の可能性等によって（５）加害性が恐れられ「社会防衛」の対象になってきたものでもあるが――（３）苦痛と、ときに（４）死の到来をもたらすものである。これらは独立に取り出すこともできるが、また互いに関連する部

分もある。〔前掲書：37頁〕

立岩によると、障害と病気を厳密に区別することはできなくても、このように大雑把な輪郭を示すことはできる。そして、社会モデルは主に（1）機能、すなわち、できないことを問題にするものだ。ディスアビリティに対応するインペアメントというのもその内部の話であって、（3）苦痛や（4）死とは分けて考える。

ひとまずそれを踏まえて、筋萎縮性側索硬化症（ＡＬＳ）という難病について考えてみる。ＡＬＳは徐々に筋肉が弱り、視覚や聴覚を除いて、体を動かすのが困難になっていく病気である。舩後靖彦はこのＡＬＳの患者だ。立岩によるとＡＬＳの人たちは病人・病者であると同時に障害者でもあり、むしろＡＬＳは重度の進行性の障害だということもできるという〔前掲書：34頁〕。舩後を「重度障害者」として論じるのには、そのような事情がある。(注4)

つぎに、現下の新型コロナウイルス感染症の流行によって「一億総障害者化」が生じているとする、熊谷晋一郎の言説に注目したい。社会モデルの考え方に基づくと、コロナ禍で多くの人が社会環境との摩擦を感じている現状を「総障害者化」と捉えることができるというものだ。(注5)

この例から考えるとわかりやすいように、社会モデルでは障害者／健常者と分けることが難しくなりかねない。そこで本書では多少乱暴ではあるが、社会の〈障害〉によって「無能力化された人々」として、そのような認識を現職議員として訴えていることを「障害者議員」の必要条件とする。彼らは自らの障害を政治化し、〈障害〉として語る。実際に障害者議員として広く認識されている者は、この条件を満たしていると思う。

ただし、一見しただけでは分からない軽度の障害である場合や内部障害がある場合などに、それを隠して（あるいはわざわざ公言せずに）生きることを促すような社会構造が存在していることには注意が必要である。

また、この点も重要だが、障害者・障害者議員は女性・女性議員でもあり得る。本書では主に障害に注目して論じるが、そのようにある一人が複数のマイノリティ性を持つ場合があることに注意したい。

第3節　「私たち抜きに私たちのことを決めないで！」

個人モデルから社会モデルへと障害パラダイムが転換することで、障害は観念上も制度上も政治的・社会的な問題、すなわち〈障害〉だと捉えられるようになった。

そのような転換の大きな契機として、２００６年に国連総会で採択された障害者権利条約が挙げられるだろう。障害者に関する初めての拘束力のある条約で、「合理的配慮」など障害者の権利保障が実効的に定められた。そして何より、この条約の審議には「私たち抜きに私たちのことを決めないで！（Nothing About Us Without Us !）」をスローガンに、多数の障害当事者が参画した。障害が政治化されたと同時に、障害者が当事者として政治に関わることが重視されるようになったのである。

日本では、応益化による負担増を理由に、２００５年に制定された障害者自立支援法が当事者から強い反発を受けた。また、２００７年に障害者権利条約に署名したことで、社会モデルに基づく法整備が課題となっていた。

２００９年の政権交代でその課題を引き継いだ民主党政権は、自立支援法改正や条約批准に向けた「障がい者制度改革」に着手した。その過程では「私たち抜きに私たちのことを決めないで！」という当事者参画の理念が実質化され、審議会に様々な障害種別の当事者や親が多く参加した。

その成果として２０１１年に障害者基本法が改正され、２０１２年には障害者自立支援法が障害者総合支援法へと改正された。２０１３年には障害者差別解消法[注６]も新たに制定され、社会モデルに依拠した基礎的な法体系が整備された。そして、日本政府は２０１４年に障害者権利

条約への批准を果たした。(注7)

障害者権利条約の第29条では「締約国は、障害者に対して政治的権利を保障し、及び他の者との平等を基礎としてこの権利を享受する機会を保障するものとし、次のことを約束する」(注8)とされている。条文の要点を筆者なりにまとめると、以下の通りである。

(a) 投票・被選挙・公務などにおける障害者の効果的かつ完全な参加。

(b) 障害者が差別を受けず、効果的かつ完全に政治に参加することができる環境の整備と参加の奨励。

条文に「効果的かつ完全に参加」と明示されている点は注目されてよいだろう。それゆえに、現実にはまだまだ課題は多い。むしろ、ほとんど手つかずだといえるだろう。

これ(筆者注:参政権と権利条約の関係)を深めていこうとすると、否が応でも権利条約の全体が絡んでくるのである。つまり、参政権というのは、『参政権』として既に確立をみている固有の分野であると同時に、さまざまな分野(権利)が多重的に関係し、補完し合わなければ成り立ちにくい分野でもある。[松井・川島ほか2010:26頁]

障害者が議会参加を果たすまで、そして議員として活動する中でも、様々な分野の〈障害〉が多重的に存在する。したがって、本書でも広範なテーマを取り扱わざるを得ない。

また、障害者権利条約の策定や一連の法整備について、それらに関わってきた弁護士の東俊裕は「その成果は十分であったとは言えない」として、以下のように指摘する。


政策決定への当事者参画の仕組みを強化した上で、障害者を取り巻く社会的障壁の除去の必要性を法律の中に織り込み、除去の法的手段を用意したに留まるもので、この制度改革ないしは条約の批准によって現実が大きく変わったわけではない。いわば、条約の実施に向けた足がかりを障害者側に提供し、インクルーシブな社会実現に向けたスタートが切れるようにしたものである。〔東２０１９：11頁〕

日本において個人モデルからの政策転換はある程度果たされたものの、その徹底には至らなかったといえる。

また厳密に言えば、障害者権利条約では個人と社会の相互作用の結果として生じるものが「障害」であるとされている。社会モデルは〈障害〉を暴き立てるが、個人のインペアメントを見落としかねないという限界がある。

日本における一連の法整備に関わってきた池原毅和［2020］は、社会モデルが明らかにしたものを人権規範の視点から捉えなおし、障害を包括的に考える「人権モデル」を提示するものとして権利条約を見る。それは第3章の三井絹子やその影響を受ける木村英子の考えにも近いと思われる。

いずれにせよ、個人モデルの考え方が根強い中で、社会モデルが提示する方向性に向けた改革が求められている点は間違いないだろう。本書ではそのような認識に立って、議論を進めていく。


【注】
(1) 日本では邦題『障害の政治』として知られている。
(2) アメリカ障害学では偏見やスティグマなどが、イギリス障害学では制度的障壁などが、主な問題とされているという。このような障害学内部の路線の違いは、社会学でいう主観主義と客観主義の違いに対応していると思われる。そのような二元論をアンソニー・ギデンズが「構造の二重性」へと捉えなおしたように、本書でも主観と客観の両面における〈障害〉を考える。
(3) 当事者への配慮として表記を考え直すことを否定するわけではないことを付しておく。また、「健常者」についても本書ではやや否定的意図をもって使用する。

（4）行政制度上でも、進行状況によっては身体障害とされる。

（5）〈障害〉によって連帯する、障害の普遍化戦略として理解できる。障害当事者である熊谷だからこそ主張できることでもあるだろう。
「（コロナで何が変わるのか）『総障害者化』の未来は『連帯』か『蹴落とし』か　今が分岐点　小児科医・熊谷晋一郎さん」デジタル毎日、２０２０年7月29日、https://mainichi.jp/articles/20200729/k00/00m/040/061000c　２０２１年3月26日最終閲覧。

（6）障害に限らず、日本で整備されるのは差別〝解消〟法であって、差別〝禁止〟法ではない。理念法としての限界が指摘されることも多い。

（7）障害者権利条約批准以前から、障害者について明示しているわけではないが、日本国憲法やその他国際条約などによって、差別禁止や人権保障は法的に定められている。

（8）「障害者の権利に関する条約（略称：障害者権利条約）条文」外務省ＨＰ、２０１９年12月9日、https://www.mofa.go.jp/mofaj/files/000018093.pdf　２０２１年3月26日最終閲覧。

第1章　れいわ新選組と19年参院選
——重度障害者議員の誕生

前章では「社会モデル」によって障害が政治化されたことを説明した。日本では民主党政権下の制度改革で「当事者参画」が進み、２０１４年には障害者の政治的権利を明示する障害者権利条約への批准も果たされた。しかし、いまだ障害者を取り巻く現実に大きな変化はなく、条約の履行は全体的に不十分だといえる。

障害者の議会参加も進んでおらず、障害者議員はほとんどいない。そのような中、２０１９年7月21日に投開票が行われた参議院議員選挙で、重度障害者の二人が当選した。本章ではその背景を考察する。

第1節　障害者の過少代表

日本では代議制民主主義が制度化され、主に議会を舞台として政治が行われている。しかし、国会でも地方議会でも、障害者が議員として参加するケースは極めて稀である。

戦後国会史上初とされる障害者議員は1977年参院選で当選した、元タレントで車いすの八代英太だった。また、1989年には二人目の障害者議員として視覚障害のある堀利和が当選した。1990年代には障害者の議会参加が徐々に進み、地方議会に障害者議員が増えた。しかし、国政では八代と堀以来、木村英子と舩後靖彦（ならびに車いすの横沢高徳）が当選するまでのあいだ、国会には障害者議員がいない状態が続いた。それらの事情については第5章の堀利和へのインタビューに詳しい。

内閣府が発表する『障害者白書』（令和元年版）によると、日本には身体障害者が436万人、知的障害者が108万2千人、精神障害者が419万3千人いると推定され、「複数の障害を併せ持つ者もいるため、単純な合計にはならないものの、国民のおよそ7・6％が何らかの障害を有していることになる」という。(注1)

しかし、NHKの情報番組「ハートネットTV」による試算では、障害のある議員の割合は、日本の全議員の０・１％に過ぎない。「現在、障害を公表している議員の数は国会と地方議会をあわせても40人ほど」だという。(注２)障害者が極度に過少代表されていることは明らかである。

その要因となっている〈障害〉については本書を通して明らかにしていくが、ひとまず巻末の資料「視覚障害者議員はいま」に目を通してもらうと、その一端がわかるかと思う。

第２節　山本太郎と左派ポピュリズム

本節では、２０１９年参院選で木村英子と舩後靖彦が当選した経緯を見ていく。二人の当選は国会初の重度障害者議員の誕生とされた。様々な〈障害〉によって障害者の過少代表が問題となるなかで、いかにしてそれが可能となったのだろうか。

二人が所属する政党「れいわ新選組」の代表である山本太郎は、もとは俳優・タレントとして活動し、数多くの映画やドラマにも出演していたが、福島第一原発事故を受けて反原発の運動を開始した。本人が語るところによると、その結果仕事が次々となくなり、全国の市民運動をまわる生活をした。そのなかで被曝だけでなく、貧困や労働の問題にも気がつき、政治家を志すようになったという［山本ほか２０１９］。

山本は2012年衆院選（東京8区）に次点で落選したが、13年参院選（東京選挙区）で無所属ながら4位で当選した。14年には「生活の党」と合流して、政党「生活の党と山本太郎となかまたち」（16年から「自由党」に名称変更）の共同代表を小沢一郎とともに務めた。

2019年4月に自由党が国民民主党と合流することになると、山本はそれに加わらずに独立し、新たに政治団体「れいわ新選組」を立ち上げた。7月の参院選を見越した動きであり、最終的に山本を含む10人がれいわ新選組から立候補した。

れいわ新選組は、4月に発表されたばかりの新元号を冠した党名のキャッチーさと、演説動画や主張・政策に関するインターネット上での投稿の拡散を通して、貧困層やマイノリティ、従来の政治に不満を抱きながらも棄権をしていたような層に向けた選挙運動を展開した。選挙戦の時点で政党要件を満たしておらず、主要メディアに取り上げられることはほとんどなかったが、SNSを通じて認知度を高めた。そして、クラウドファンディングで異例の4億円を超える個人献金を集めるほどの支持を得て、「れいわ現象」を巻き起こした。

政治学者の水島治郎は、れいわ新選組の主張を「欧米で広がる左派ポピュリズムの流れの日本版」だと捉える。(注3) ミュデ・カルトワッセル［2018］によると、ポピュリズムとは「汚れなき人民」対「腐敗したエリート」の構図の中で「人民の一般意志」を政治に表現しようとする「中心の薄弱なイデオロギー」であり、他のイデオロギーと容易に両立する。水島［2016］

もこれに近い立場をとっている。

山本太郎は社会的弱者に寄り添うかたちで、既成政治やエリート層といった「お上」を批判する。彼のれいわ新選組が掲げている主な政策は、以下の通りである。(注4)

①消費税の廃止、②家賃が安い公的住宅の拡充、③奨学金チャラと教育完全無償化、④全国一律最低賃金１５００円を保障、⑤エッセンシャルワークの公務員化、⑥一次産業個別所得保障、⑦防災庁創設、⑧公共事業の拡大、⑨新規国債発行による財源確保と累進課税の強化、⑩沖縄基地問題の再交渉と地位協定見直し、⑪「トンデモ法」一括見直し・廃止、⑫原発即時廃止と再生可能エネルギーへの移行、⑬障害者への合理的配慮の徹底と障害者福祉の充実、⑭ＤＶ防止と被害者支援、⑮児童相談所問題の解決、⑯動物愛護

山本太郎とれいわ新選組においては、ポピュリズムと再分配強化などの左派的なイデオロギーが両立しているといえる。弱者救済のために累進課税を強化し、不足する財源は新規国債発行で補うとしている点(注5)や、将来的に全電源を再生可能エネルギーで賄うとする点は、欧米の左派ポピュリズムが掲げる反緊縮や環境保護の政策とも類似している。

山本は元俳優で政治のアウトサイダーであるという自身のキャラクターとカリスマ性を活か

し、全国で演説を行って支持を広げていった。例えば、参院選を見据えて5月2日に行った神戸での街頭演説では、涙ながらに次のように訴えた。[注6]

この国で一番偉いの誰？　皆さんなんですよ。本当に。自信奪われてるだけですよ。自分生きてていいのかって。生きててくれよ！　死にたくなるような世の中やめたいんですよ。……これ変えられるんですよ。どうやって？　政治で。……だって、大企業側、自民党側、3割程度しか、得票持ってないんですよ。……3割の票で、世の中好きにコントロールできるんだったら、選挙に行かない4割の人たちや、それ以外の人たちも一緒に力を合わせて、世の中変えていくってこと、可能じゃないですか。その先頭に立ちたいんですよ。やらせてもらえませんか？［山本ほか2019：28－29頁］

山本は感情を高ぶらせながら、生きづらさを抱えている一人ひとりに話しかけるように言葉を発していく。

ところで、一般的にポピュリズムという言葉には否定的なイメージが込められているが、異なる見方もある。近代デモクラシーとはすなわち、リベラリズム（自由主義）とデモクラシー（民主主義）が合わさったリベラル・デモクラシー（自由民主主義）であり、常に内部に矛盾を抱えている。ポピュリズムはそのなかでも民主主義的要素に重点を置いた解釈だというものだ。

ポピュリズムは、民衆の参加を通じて「よりよき政治」をめざす、「下」からの運動である。そして既成の制度やルールに守られたエリート層の支配を打破し、直接民主主義によって人々の意思の実現を志向する。その意味でポピュリズムは、民主的手段を用いて既存のデモクラシーの問題を一挙に解決することをめざす、急進的な改革運動といえるだろう。〔水島２０１６：19‐20頁〕

ポピュリズムは民主主義の発展に寄与する場合があり、左派の文脈で語られることの多いラディカル・デモクラシーとも親和的である。さらに水島は、ポピュリストが既存政党に影響を与え、改革の起爆剤となり得ることも指摘している。

山本は木村英子や舩後靖彦のほかにも特徴ある候補者をそろえて「アイデンティティ政治」を展開したが、それもこの文脈で捉えられる。

例えば、れいわ新選組の候補者として最初に発表された蓮池透は、拉致被害者家族であり、元東京電力社員でもある。山本に代わって東京選挙区から出馬した野原善正は沖縄創価学会壮年部に所属しながら、公明党や学会執行部に反対している。他にも女性装の東大教授や元コンビニオーナー、ホームレス経験がある元派遣労働者のシングルマザーなどがれいわ新選組から出馬した。

そもそもアイデンティティ政治は、1970年代以降の「新しい社会運動」から生じ、抑圧された社会的属性を持つ人々が「承認」を求めて発展したものである。現在では没落した中間層による反動アイデンティティが世界的な主流となりつつあるが、いずれにせよアイデンティティ政治はポピュリズムの「上下」の構図と親和的だと考えられる。

れいわ新選組は社会的弱者とされる象徴的な属性を持つ候補者をそろえ、生きづらさを感じる有権者の共感を掘り起こそうとした。このような戦略は、理論上は平等主義的な左派に親和的であり、非エリートの政治的アウトサイダーとしてポピュリズムにも親和的である。

しかし、一般的に日本では有権者の政治へのコミットメントが欠如しているとされる。ポピュリズムによる熱狂が有権者と政治を繋ぐことを期待する向きもあるが、実際にはそのような流動的な有権者たちによるブームは長続きしていない。政治学者のヒジノ ケン・ビクター・レオナードは「忠誠心やイデオロギー的な支持は、トランプ支持者や欧州の急進的な右派・左派のポピュリスト政党を特徴づけるものだが、日本のポピュリストたちはそうした本質的な核を欠いている」［ヒジノケン2020：239頁］と指摘している。

それでは、一体どのような人々が「れいわ現象」を支えていたのだろうか。そして、果たし

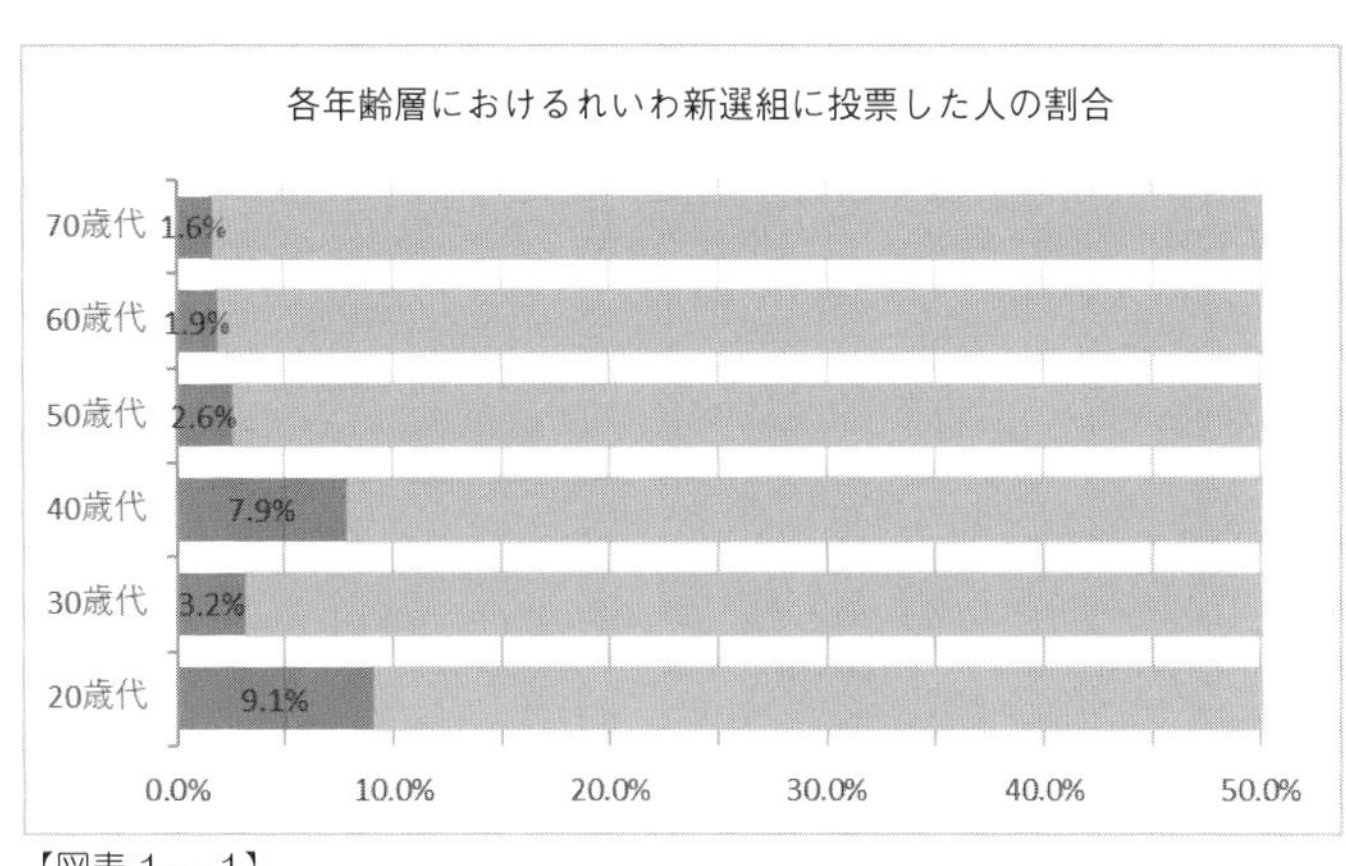

【図表１―１】

てそのブームは持続しているのだろうか。

朝日新聞社の出口調査によると、全回答者のうちの5％が、無党派層の回答者では10％が比例でれいわ新選組に投票していたという。また、れいわ新選組に投票した人の６割超が40代以下の年齢だったということも特徴的だ。(注7)

選挙後に公益財団法人「明るい選挙推進協会」が行った量的調査の結果とも近い。(注8)調査では、やはり比較的若い世代、特に20歳代と40歳代でれいわ新選組に比例で投票した人の割合が際立っていた。(【図表１―１】)

以上の結果からは、れいわ新選組がインターネット中心の選挙活動を通して、無党派層や平成生まれ（20代）・就職氷河期世代（40代）で支持を獲得していたことが推測される。

インターネット上で「みらい選挙プロジェクト」を運営している三春充希による、選挙結果や世論調査の分析も参考になる。三つの図表はいずれも三春のサイトから転載したものだ。(注9)

水島は、長年の自民党政治が都市から地方へと富を分配してきたため、「反既成政治は、地方からは起こり得ない。反既成政治ののろしが上がるのは、むしろ大都市からしかない」(注10)と述べている。そして実際に日本では、橋下徹や小池百合子ら都市部の保守系首長による新自由主義ポピュリズムが生じてきた［中北2020］。しかし、【図表1—2】を見るとれいわ新選組が全国で比較的満遍なく得票していることがわかる。

また、関東地方を拡大した【図表1—3】を見ると、渋谷区・杉並区・世田谷区を中心とした地域で得票率が高いことがわかる。三春によると、これは13年参院選で山本太郎が東京選挙区で当選した際の地盤に重なっているという。

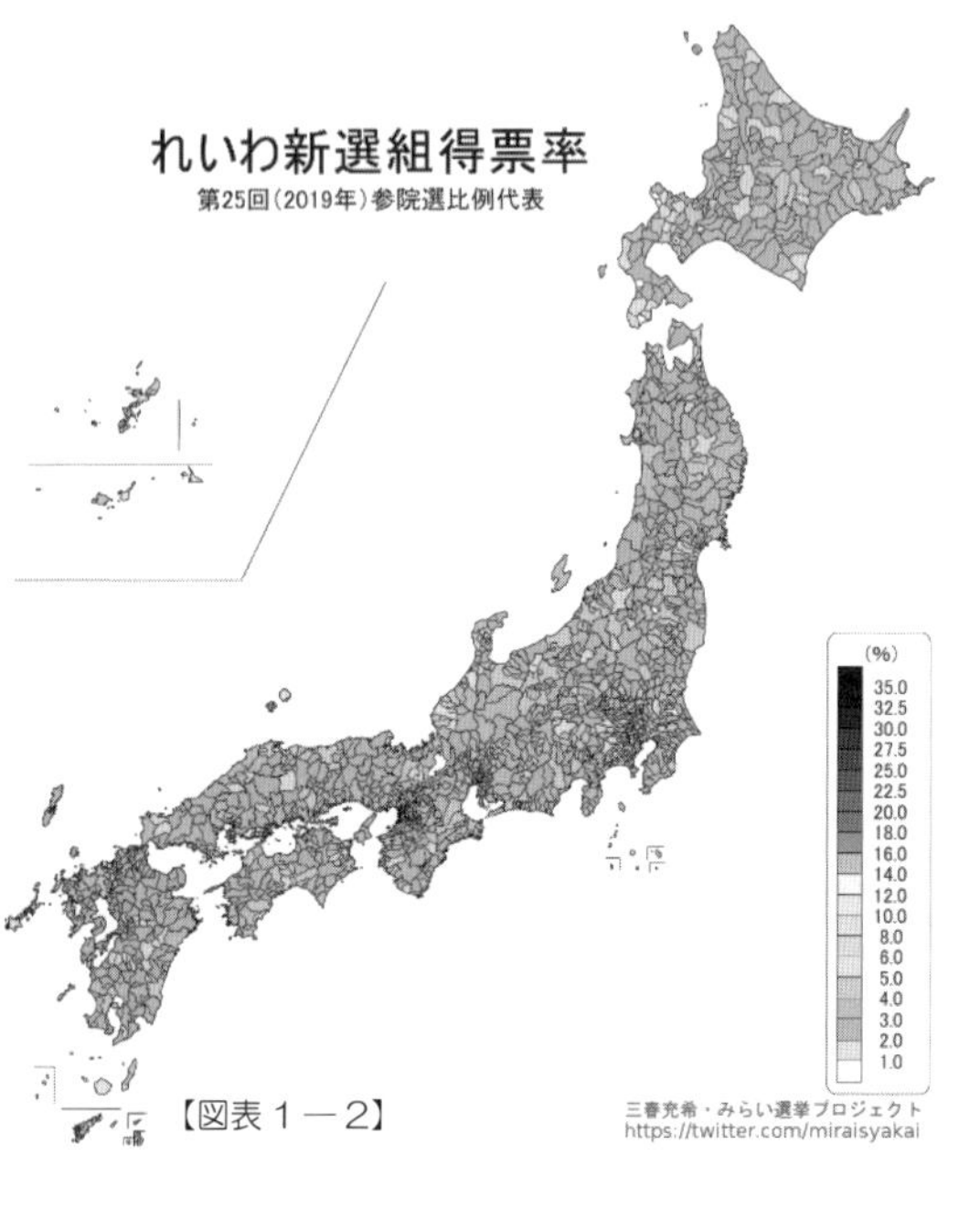

【図表1—2】

【図表1―4】からは、得票率上位の自治体に東京都・沖縄県・神奈川県の自治体が特に多いことがわかる。特に12位に東京都国立市が入っていることは、次章の内容の参考になる。三春は以上のデータから、れいわ新選組が「都市部の浮動票を取り込んだだけではない」ことを指摘している。また、他の分析とあわせた結果として、17年参院選と比べて「立憲民主党かられいわ新選組へ票の移動が起こったことが示唆され」るという。先の朝日新聞の出口調査

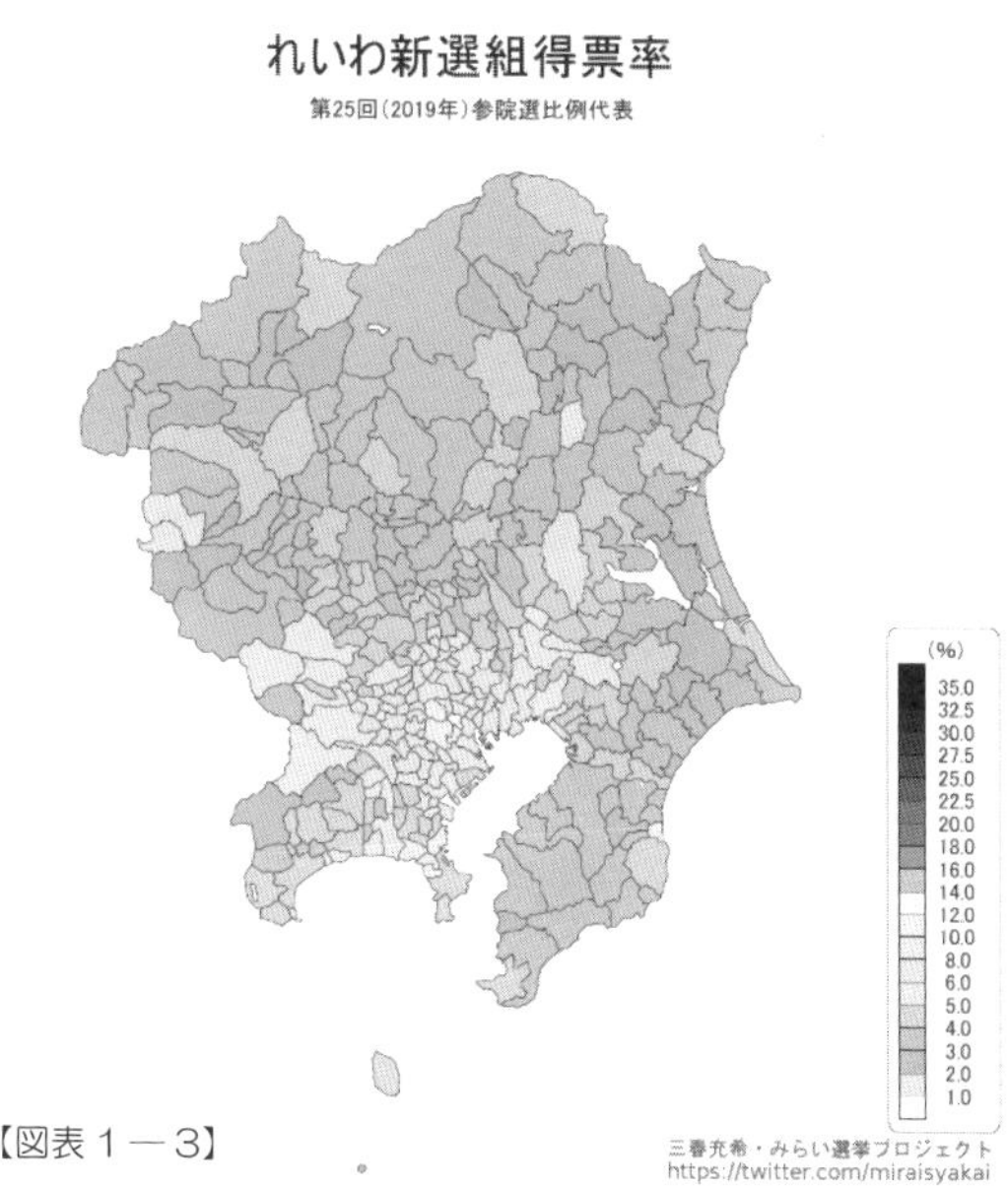

【図表1―3】

れいわ新選組　得票率上位自治体

順位	自治体	得票率	順位	自治体	得票率
1	沖縄県竹富町	15.94	21	山梨県北杜市	9.15
2	東京都御蔵島村	14.58	22	京都市左京区	8.91
3	長野県大鹿村	14.53	23	東京都文京区	8.83
4	東京都小笠原村	14.26	24	東京都豊島区	8.71
5	東京都渋谷区	12.36	25	東京都狛江市	8.70
6	神奈川県葉山町	11.82	26	神奈川県鎌倉市	8.69
7	東京都杉並区	11.27	27	東京都小金井市	8.60
8	東京都世田谷区	11.02	28	東京都調布市	8.51
9	沖縄県座間味村	10.75	29	鹿児島県屋久島町	8.50
10	東京都目黒区	10.61	30	東京都台東区	8.48
11	北海道ニセコ町	10.53	31	東京都国分寺市	8.40
12	東京都国立市	10.01	32	沖縄県那覇市	8.37
13	東京都三鷹市	9.96	33	沖縄県北中城村	8.31
14	東京都武蔵野市	9.93	34	東京都中央区	8.29
15	東京都中野区	9.92	35	沖縄県恩納村	8.27
16	沖縄県石垣市	9.90	36	東京都練馬区	8.05
17	東京都新宿区	9.73	37	沖縄県北谷町	8.03
18	東京都港区	9.49	38	沖縄県読谷村	7.95
19	神奈川県逗子市	9.30	39	沖縄県渡嘉敷村	7.92
20	長野県売木村	9.28	40	沖縄県中城村	7.91

【図表1―4】

でも「無党派層の自民と公明への支持は前回の参院選から大きく変わっておらず、比例区でれいわが支持を広げた背景には、ほかの野党支持層の流入があったとみられる」とされている。すなわち、れいわ現象には既存の政治に不満を持つ人々の票を掘り起こした面があるにせよ、もともと野党系を支持する「無党派層」のなかで票の移動が生じた面もあったと考えられる。

17年衆院選の際には、小池百合子の希望の党から「排除」された枝野幸男ら民進党の一部議員が立憲民主党を立ち上げて支持を得た。その時も「#枝野立て」が拡散するなど、閉塞感の打破を期待して「枝野フィーバー」と言われるような「風」が起きた。それと同様のことが、今度は山本太郎とれいわ新選組に生じたと思われる。先のヒジノ ケン［2020］の指摘から考えると、忠誠心やイデオロギーによる支持というよりは、政治的アノミーから生じた気まぐれ的な熱狂と見ることができるのではないだろうか。山本太郎は20年7月に行われた東京都知事選挙にれいわ新選組から立候補したが、得票65万7千票余り（得票率10・7％）の3位で落選した。このことから党勢の停滞がすでに一部から指摘されている。

第3節　「特定枠」制度の活用

参院選は現在、各都道府県を基本単位とする選挙区と、全国を一つの単位とする比例代表が並立して行われる制度となっている。

比例代表では、有権者は候補者名か政党名のどちらかを書いて投票する。その合計得票数をもとに各政党の議席数が決まり、さらに同一党内で候補者名による得票が多い順に議席が振り分けられるという、非拘束名簿式が採用されている。

２０１８年の公職選挙法改正により、参議院議員の定数が６人増え、政党が候補者名簿の一部を優先的に当選させることができる「特定枠」が参院選の比例に新設された。特定枠の候補者には各党が得た議席が優先して配分され、それ以外の候補者は政党内における個人得票が多い順に当選する。この制度は実質的に、２０１６年参院選から「鳥取・島根」「徳島・高知」が合区となって擁立できなくなった自民党現職議員の救済策であり、野党の反発を押しのけて成立したものだった。(注11)

山本は当初、自身が議席を有している東京選挙区から出馬すると思われていたが、この特定枠の活用を狙って比例代表に転出した。人気のある山本太郎を当選させるためには特定枠に入った舩後と木村の分も含む計三人分の票が必要である状況をつくりだしたのだ。山本はその意図を次のように話す。

優先的に当選できる人を作れるということだから、普通ならば国会議員にはなかなかリーチできない人でも、私が下に回って、その人を押し上げることができると考えたわけです。……候補者10人そろえて、私の力だけで3人、4人当選させられるような選挙結果にならなきゃ世の中変わるまで道のりは遠いし、旗揚げした意味もない……と考えたんです。
［山本ほか2019：46頁］

このような山本の発想は、実は19年参院選以前から見られる。例えば、「生活の党と山本太郎となかまたち」という党名には自身の知名度を活かして比例票を掘り起こそうという意図があったと思われる。さらに、自由党に党名変更した際、山本は自由党に籍を残したまま次期衆院選で別団体「山本太郎となかまたち」から比例候補者を擁立し、自由党票とは別に山本個人を支持する票を獲得する構想を示してもいた。（注12）

結果的に、19年参院選でれいわ新選組は党全体で約228万の比例票を獲得した（得票率4・6％）。時事通信社によると、個人名による得票は木村が5211票、舩後が4165票だったが、二人は特定枠制度により優先的に当選した。(注13)一方、山本は全候補者で最多となる約99万票を個人で集めたが落選した。

ただし、政党内の誰の名前を書いても特定枠候補の当選が優先されることや、特定枠候補に投票しても政党票としてカウントされること、特定枠でない山本の当落が焦点となっていたこと、特定枠候補個人の選挙運動に法律上の制限がかかっていることなどを考慮する必要がある。木村や舩後を支持する有権者にとっては、彼女らの個人名を投票用紙に書くよりも、山本の名前やれいわ新選組の他の候補者名を書く方が有効な投票になったと考えられる。複雑な制度ではあるが、木村や舩後を支持する有権者の一部がそのような合理的判断を行ったことが推測される。

第4節　木村英子・舩後靖彦の擁立

れいわ新選組の比例特定枠候補として擁立されたのが、重度障害者の木村英子と舩後靖彦だった。

特定枠2位の木村英子は、１９６５年生まれで生後８か月の時に玄関から落下したことがきっかけで障害をもった。物心ついたときから施設と養護学校で育ち、一時帰宅した際に家族から心中を迫られたこともあるという。養護学校高等部を卒業後、東京都国立市で障害者の自立生活支援を行っていた三井絹子のもとへ「家出」した（第3章・第4章に詳しい）。地域で自立生活を始め、結婚と出産を経て、94年には自立支援団体「自立ステーションつばさ」を多摩市に設立した。三井絹子とともに障害者運動に関わり続け、立候補時には「全国公的介護保障要求者組合・書記長」「全都在宅障害者の保障を考える会・代表」「自立ステーションつばさ・事務局長」を務めていた。

山本太郎と出会ったのは２０１５年頃で、山本の支援者らの集会に、三井絹子の代理として参加したときだったという。以来、厚生労働省と交渉する際に山本が同席するといった交流が始まった。そして19年6月18日に三井絹子の事務所に呼び出され、そこで待っていた山本に参院選出馬を持ちかけられた。

障害者運動はこのまま一生続けますし、だったら国会でお話しをしていくのも変わりないなって。障害者施策に関われるならチャレンジしてみようと思いました。ただ、障害があるので受かるはずがないと思っていました。なので自分たちの気持ちを知っていただくだけでもいいという気持ちだったんです。でも、太郎さんに「立候補します」と伝えたら、突然、

「特定枠」の話をされて。何かキツネにつままれたような話で（笑）。同席していた仲間たちも、「え？　ちょっと待って」って雰囲気になってたんですけど、私の中ではもう決めたので。どちらを選んでも命がけですから。地域で運動することも、国政に出ることも。そこで命が終わってしまっても、それが自分の人生なんだって肚（はら）を括りました。〔山本ほか２０１９：１００頁〕

一方、特定枠1位の舩後靖彦は１９５７年生まれで、商社に勤めて多忙を極めていた42歳の時に難病ＡＬＳと診断された。全身の筋肉が徐々に衰えていき、手足の自由が利かなくなり、呂律も回らなくなっていった。「不治の病」と医師に告知を受けてもそれを受け入れることができなかったが、それでも病状は進行していく。呼吸筋が衰え、手術で気管を切開して声を失った。噛むことも飲み込むこともできなくなって、餓死寸前になるまで悩んだ結果、胃ろうをつけた。

病とはいえ、競争社会から退かねばならなかったのは、痛恨の至りだった。舩後は、自分を「負け犬」だと感じていた。競争に参加することのできない負け犬の人生に、なんの意味があるだろう。生き恥をさらすぐらいなら、死んだ方がましだ、というのが、そのときの舩

後の価値観だった。［舩後・寮２０１６：94頁］

病状はさらに悪化していく。気管切開の効果が薄れ、慢性的な酸欠状態になった。人工呼吸器をつけて生き続けるか、それともそのまま死を迎えるのか。実母や妻に介護の負担をかけ続けることへのためらいや、全身が動かず意思疎通できなくなることへの恐怖もあって、舩後は「呼吸器はつけない」と決めていた。しかし、医師に頼まれたことがきっかけで、新たにＡＬＳとなった患者にアドバイスをする「ピアサポート」という生きがいができた。心の奥底に閉まっていた「生きたい」という気持ちが一気に溢れたという。そして２００２年、舩後は呼吸器を装着して生きることを選択した。

２００３年からは身体障害者療護施設に入所した。しかし、しばらくして施設の事務長が代わり、施設内の状況が大きく変化したという。騙されて本来は無料で支給される経腸栄養剤を自費で購入させられ、しかもそれが体に合わずに15か月間下痢が続き、栄養失調にもなった。いじめとネグレクトに耐えかね、地域で自立生活を始めた。

そのような中で、訪問看護・介護事業を展開する株式会社アースの社長と出会う。看護師でもあった彼女に誘われてアースの経営に参画し、自身の経験を活かして介護施設の運営にも携わるようになった。その女性は舩後が国会議員になってからも介助者として舩後の活動を支えている。

舩後は２０１４年の千葉県松戸市議会議員選挙に出馬した。その選挙では落選したが、難病や障害の当事者を擁立することを考えていた山本太郎がそのことを人伝てに知り、参院選直前の２０１９年６月24日に舩後の自宅を訪れて立候補を打診したという。

お会いした翌日にいただいたメールには、「難病当事者として、生きることの輝かしさを実践するフロントランナーとして、壊れゆくこの国を救うおひとりとして、お力をお貸しくださいませんか？」とありました。無力な自分でも、フロントランナーであればお役に立てるかもしれない、と思いました。〔山本ほか２０１９：78頁〕

一度政治家になることを試みていた舩後にとって、山本からの打診は願ってもいないことだったのだろう。インタビューで「『立候補を勧められるかもしれない』と聞いていましたので、『来たー!!!』と思いました。いささかの衝撃をもって（笑）。」〔前掲書：77頁〕と答えている。

以上のように、木村と舩後の二人ともに、当事者として障害者問題に取り組んできた経験があり、山本太郎はそこに注目したと思われる。平等主義的な左派の方が障害者を積極的に擁立すると考えられ、ポピュリストの方が非エリートの政治的アウトサイダーである障害者を候補者とする傾向にあると考えられる。そのように理論的に説明することもできるだろう。

出馬の打診は選挙直前に行われ、二人は慌ただしくれいわ新選組の候補者となった。そして特定枠制度によって二人は優先的に当選し、国政史上初の重度障害者議員となった。

前節で触れたように、れいわ新選組の左派ポピュリズム的な要素や「風」、山本太郎個人の人気を活かした選挙戦略（特定枠の活用）といった要素が、二人の当選の大きな要因になったと考えられる。すなわち、それらによって障害者が国会議員になることを妨げていた〈障害〉を回避したといえるのではないだろうか。

また、この2019年参院選では岩手選挙区の野党統一候補（無所属）として、元パラリンピック選手で車いすの横沢高徳も初当選を果たした。(注14) 岩手県は小沢一郎の強固な地盤であり、これまでも小沢に近い候補者が当選してきた。横沢も同様に、その地盤を活かして当選した。本書では詳しく取り上げないが、横沢も障害者議員として、木村や舩後とも連携して〈障害〉の除去に取り組んでいる。2019年12月4日には車いすの議員として八代英太以来19年ぶりに、参議院本会議で登壇し討論を行った。

一方、立憲民主党から比例で立候補した元東京都北区議会議員の斉藤里恵は、聴覚障害のある「筆談ホステス」として一定の知名度があったが落選した。(注15)

障害者の議会参加を妨げてきた選挙制度上の〈障害〉については、第5章のインタビューや終章の理論的考察でも再び取り上げる。

【注】

（１）ただし、この政府統計における「障害者」が「個人モデル」に基づく狭義のものである可能性にも注意したい。社会全体の理解の度合いによっては、今後「障害者」とされる人の割合が格段に増えていく可能性もある。

　また、最新の『障害者白書』（令和２年版）によると、日本には身体障害者が４３６万人、知的障害者が１０９万４千人、精神障害者が４１９万３千人いると推定される。

「令和元年版　障害者白書　全文（ＰＤＦ版）　障害者の状況」内閣府ＨＰ、２０１９年６月、https://www8.cao.go.jp/shougai/whitepaper/r01hakusho/zenbun/pdf/ref2.pdf　２０２１年３月26日最終閲覧。

（２）「社会を良くしたい　障害者議員たちの奮闘」福祉情報総合サイト　ハートネット（ＮＨＫ）、２０２０年３月４日、https://www.nhk.or.jp/heart-net/article/319/　２０２１年３月26日最終閲覧。

（３）「（耕論）山本太郎という現象　想田和弘さん、菅原琢さん、水島治郎さん」朝日新聞デジタル、２０１９年８月２日、https://digital.asahi.com/articles/DA3S14123732.html　２０２１年３月26日最終閲覧。

（４）れいわ新選組ＨＰをもとに筆者が要約。

（５）山本は現代貨幣理論（ＭＭＴ）に根拠を置いている。しかし、ＭＭＴは財政健全化を促す主流経済学の主張に真っ向から対立するものであり、政府や日銀はＭＭＴを否定している。

（6）以下の動画の再生時間（2時間6分4秒）からの場面。演説の後段では、消費税廃止をめぐって財務省やテレビ局、新聞社を批判するというポピュリスト的な一面が垣間見える。「れいわ新選組代表 山本太郎街頭演説 ２０１９年５月２日神戸・三ノ宮マルイ前」れいわ新選組公式チャンネル（youtube）、２０１９年５月３日、https://www.youtube.com/watch?v=E5lysj1dB4k ２０２１年３月26日最終閲覧。

（7）「れいわ、40代以下からの支持が６割 朝日出口調査」朝日新聞デジタル、２０１９年７月22日、https://digital.asahi.com/articles/ASM7M63N5M7MUZPS00G.html ２０２１年３月26日最終閲覧。

（8）２０１９年10月30日から12月24日にかけて、無作為に抽出された全国の有権者３１５０人に郵送方式で行ったもの。【図表１―１】は、同調査報告書45頁の表「社会的属性と投票政党（比例代表選挙）」より筆者作成。

「第25回参議院議員通常選挙全国意識調査―調査結果の概要」公益財団法人明るい選挙推進協会ＨＰ、２０２０年３月、http://www.akaruisenkyo.or.jp/wp/wp-content/uploads/2011/07/25san_rep.pdf ２０２１年３月26日最終閲覧。

（10）「立憲民主党の票はれいわ新選組に流れたのか（第25回参院選精密地域分析 Part1）」note.com（三春充希（はる）☆みらい選挙プロジェクト）、２０１９年８月12日、https://note.com/miraisyakai/n/n07237a363319?magazine_key=mf13a1a093377 ２０２１年３月26日最終閲覧。

（11）国末憲人「ポピュリズム、それは危険な存在か、民主主義の促進剤か」GLOBE+（朝日新聞社）、２０１８年９月21日、https://globe.asahi.com/article/11824476 ２０２１年３月26日最終閲覧。

（12）制度の導入に反対していた野党五党は、そのために、２０１９年参院選で特定枠制度を利用しなかった。
（13）「名前が変わった」山本太郎オフィシャルブログ、２０１６年10月12日、https://ameblo.jp/yamamototaro1124/entry-12209007173.html　２０２１年３月26日最終閲覧。「『自由党』へ変更決定　『山本太郎となかまたち』から比例擁立も」産経ニュース、２０１６年10月12日、https://www.sankei.com/politics/news/161012/plt1610120035-n1.html　２０２１年３月26日最終閲覧
（14）「開票結果：比例代表：れいわ新選組：参院選２０１９」時事ドットコム、https://www.jiji.com/jc/2019san?l=hirei_085　２０２１年３月26日最終閲覧。
（16）得票数は２８万８２３９票（得票率49・０％）。公明党の推薦も受けた自民党の現職候補（得票率46・３％）を僅差で破った。選挙後に国民民主党に入党し、２０２０年９月に立憲民主党に合流した。
（17）得票数は2万３０００２票（比例で党内14位）。立憲民主党からは比例で８人が当選した。

第2章　木村英子・舩後靖彦議員の活動
――障害者議員と代表性

前章では、木村英子と舩後靖彦が参議院議員に当選した経緯を見た。本章では、国会議員となった二人が投げかけてきた問題を整理し、国会に障害者がいることの意義を検討する。二人が議員になったからこそ、障害者の過少代表が問題視されるようになり、様々な〈障害〉が政治の議題に上がるようになった。

第1節　重度訪問介護とバリアフリー

木村と舩後が議員に当選して最初に問題となったのは、それまで二人が利用していた「重度訪問介護」が利用できなくなるというものだった。重度訪問介護とは、２０１２年に障害者自立支援法から改正された障害者総合支援法に基づく介護給付制度で、常時介護を必要とする重度障害者を支援するものだ。ヘルパーが〝やってよいこと〟と〝してはいけないこと〟が細かく決められている他の制度とは異なり、「生活全般」にわたる「総合的」な支援を行う点に特徴がある。(注1)

しかし、この制度の利用は私生活に限られ、就労時間中などは対象外となってしまう。国会議員として活動する際にもサービスが受けられず、表面的な問題ともいえるが、二人は介護を受けるために多額の自己負担を迫られることになる。

そのことは、選挙戦の時点ですでに予見されていた。舩後は7月20日に新宿で行った選挙演説で、次のように述べていた。

もし、僕が当選したら、今利用している障害福祉サービスは受けられなくなってしまいます。なぜなら、自立支援法といいながら、職場にヘルパーがついていくことは禁じられているからです。障害者は働くなということでしょうか？　この部分は、絶対に変えなければなりません。［山本ほか ２０１９：70頁］

二人は当選後、介護者がいなければ議員活動はおろか生きていくことすらできないとして、臨時国会に登院することができないと主張した。厚生労働省の告示にある「通勤、営業活動等の経済活動に係る外出、通年かつ長期にわたる外出及び社会通念上適当でない外出を除く」[注2]という規定が重度訪問介護の利用を制限する根拠になっているとして、れいわ新選組はその運用ルールを変更して、介護費用を公的負担とすることを求めた。国会議員となった二人だけでなく、重度訪問介護の対象となる障害者全体の介護を常時保障することを主張したのだ。

メディアにも大きく取り上げられて国の対応に注目が集まったが、結局は「特例」として参議院が二人の介護費用を負担することに決まった。[注3]

これを受けて二人は臨時国会召集に合わせて８月１日に初登院を果たした。木村は国会正門前で報道陣や支援者らに囲まれながら、「改正には時間のかかるこの大きな問題を改善していくために、国会の中で頑張って取り組んでいきたいと思います」と話した。れいわ新選組の要望とは異なるかたちではあったが、公費負担が認められて二人は議員活動をはじめた。その活動のなかで重度訪問介護の制度改正に取り組むことにしたのだ。

さらに、横沢高徳をあわせて三人の車いすの議員が新たに誕生したことで、国会内部のハード面でのバリアフリーが求められるようになった。また、議会運営上の合理的配慮も進められた。木村英子議員に関連して参議院で認められたものを、彼女の広報誌から抜粋する。[注4]

【参議院内バリアフリー化項目】

①参議院施設における動線の確保や多目的トイレの整備（昇降機の設置や通路を新設、多目的トイレの新設改修、演壇までのスロープ新設等）

②その他、議員宿舎駐車場の整備や委員会室傍聴席の整備

③参議院自動車課が福祉車両の公用車を導入

【国会質疑に関する合理的配慮】

①本会議場において、扉に一番近い席に、椅子部分のない議席ユニットを設置

②介助者の議場への帯同を認める（通常は一般の方は本会議場に入れない）

③投票を行う場合は、参事に委託することを認める

④起立採決の場合は、介助者の挙手によることを認める。

⑤届け出の上、意思疎通のためのノートパソコンなどの電子機器の持ち込み、その他必要な物の持ち込みを認める

⑥服装に関し、医療上の必要性から帽子・外とう・襟巻きなどの着用が求められる場合には禁止しないこととし、上着やネクタイの着用も求めないこととする。

⑦議場閉鎖中であっても、やむを得ず退出を求めたときは、議運委員長への報告により認

めるものとしてもらい、急な体調不良などに対応する。

以上のように、木村らは障害者を考慮していなかった建物の構造や議会運営を〈障害〉として明らかにしていった。そして合理的配慮が認められ、実際に議員活動をしていくための環境が整えられていった。

第2節　委員会活動

木村と舩後は、重度障害者としての視点からの問題提起を続けている。前節の重度訪問介護やその他の障害福祉サービスに関して、二人は２０１９年10月10日に大規模な院内集会を開いた。前出の木村議員の広報誌によると、参議院議員会館内の講堂に与野党の国会議員約20人や厚生労働省の障害福祉課長、当事者団体約20団体を含む全参加者約３３０人が詰めかけたという。

そして国土交通委員会に配属された木村英子議員は、11月５日の委員会で初質問に立って「災害時における個別避難計画と障害者用トイレについて」を取り上げた。特に後者に関して、以前は「車いす用トイレ」とされていたものに様々な機能が付け加えられて「多機能トイレ」「多目的トイレ」となった結果、利用する人が増えて、本来トイレを必要としていたそこしか使えない障害者が困っているという事例などを紹介し、多機能トイレの機能分散に努めるという内容の赤羽一嘉国土交通大臣による答弁を引き出した。

さらに木村は、大型車いす使用者が介護者を伴う場合に、多機能トイレの広さが十分でないことがあることも指摘した。これに対して赤羽国交相は自ら発言を求め、建築設計基準の見直しを指示する考えを示した。翌2020年1月31日には国交省内に「高齢者、障害者等の円滑な移動等に配慮した建築設計基準の改正に関する検討会」が発足し、その後バリアフリー法の基本方針やバリアフリー設計の指針が改定された。

19年12月3日の委員会では新幹線の車いすスペースが少ないという問題を、木村自身が実際に乗車した様子を収めた写真も交えて取り上げ、改善を求めた。これに対しても赤羽国交相が強い言葉でJRに改善を求める意向を示し、結果的に車いす用座席数が増加して車いす利用者が優先的に利用できるように制度が改定された。

また、20年5月28日の委員会には次章で紹介する三井絹子を参考人として招致し、心のバリアフリーについての見解を政府に求めた。その他にも視覚障害者の線路転落事故についてや、障害者を排除しない「インクルーシブ防災」についてなど、障害当事者の視点から質問を行っている。

文教科学委員会に配属された舩後靖彦議員は、19年11月7日の委員会で初質問に立った。舩後は発声ができないため、事前に準備した文書をパソコンの自動音声で流し、その後は秘書が代読するかたちで質問を行った。再質問は舩後議員が文字盤を目で追ってそれを介護者が読み取り、秘書が代読した。その間は速記を止めて持ち時間に含まないという合理的配慮がなされた。

その日の質問は、れいわ新選組が掲げる政策に関連して消費税増税による家庭の教育費負担の変化について、舩後自身が第一の政策課題とするインクルーシブ教育（障害のある子の就学先決定の仕組みの変更）について、そして大学入学共通テストで導入が検討されていた英語民間試験における障害学生への合理的配慮についてのものだった。

その後も舩後は、医療ケア児の就学問題、障害のある高校受験生の定員内不合格問題や合理的配慮の提供について、オンライン授業における障害児・障害学生への配慮、読書バリアフリー、聴覚障害がある学生が教育実習中に差別を受けた事例などを取り上げている。

舩後は委員会の質疑で〈障害〉と直接関わりのないことも多く取り扱う。変形労働時間制を導入するための教職員給与特措法改正案やインターネット上の違法ダウンロード規制を強化する著作権法改正案といった、委員会で取り扱う法案についての質疑を行っただけでなく、小中学校における一斉休校中のオンライン授業の自治体間格差や在外日本人学校派遣教員への支援などについても問題提起をした。これは、常に〈障害〉に絡めた質問をする木村のスタンスとは異なると思われる。

以上、主に委員会活動に注目して二議員の働きを簡単に見てきた。〈障害〉に関する質問をする際、二人は当事者としての自身の体験を盛り込むことが多い。すると大臣や官僚は質問を無下にもできず、真摯に答えざるを得なくなる。山本太郎は「私が参議院にいた時は、そんなに声を聞く姿勢ではない大臣が結構いましたから。やはり当事者がいうパンチの強さというか、影響力は大きいと思いました」、「国会も二人の存在に学びながら、いままさに変化しているということだと思います」と二人の活動を評価している。(注5)

2020年1月15日に国内で初めて感染者が確認されて以降、新型コロナウイルス感染症の流行が続いているが、そのことは二人の議員活動にも大きな影響を与えている。人工呼吸器を装着している舩後にとって感染は命に関わるという。「医療者からの助言」も踏まえた「苦渋の決断」として、質疑時間が割り当てられていた3月10日の委員会を、了承を得た上で欠席した。(注6)また、木村も万が一感染した場合に重症化する可能性が高いとして、了承を得た上で自らの質問時間のみ委員会に出席した。二人はその後も本会議を含む国会審議を一部欠席し、インターネットを用いた遠隔参加を提案している。(注7)

また、17日には「新型コロナウイルス対策政府・与野党連絡協議会」が設置されることになったが、二人会派であるれいわ新選組には声がかからなかった。それに対して木村と舩後は、政府に障害者の窮状を伝えるためとして参加を申し入れたが、慣例上認められなかった。木村は次のように訴えている。(注8)

> いま地域で障がい者が置かれている現状を伝えたい。感染の防御策についても、舩後さんは気管を切開している方なので、感染防御についてかなり熟知していると思うんです。せっかくそういう当事者が議員なのだから、当事者の意見がプラスされれば、より充実した対策ができるんじゃないでしょうか。
>
> それなのに、なぜ協議会への参加を呼びかけていただけないのか。私たちの意見は採り入れてもらえないのか。「要望はペーパーで出してほしい」という回答でしたが、せめて直接、こちらの意見を聞いてほしかった。

結局二人は協議会に対して、障害者や介護者などへの予防用品や検査の優先的割り当てや、ヘルパー不足への対応、情報提供の合理的配慮の徹底などを、文書で要望した。(注9)

第3節　「命の選別」に対する抗議

コロナ禍において「命の選別」への懸念が高まっていることも、二人の存在感を際立ったものにしている。

２０１６年に起きた相模原障害者施設殺傷事件は、日本社会、とりわけ障害者に対して大きな衝撃を与えた。「津久井やまゆり園」の障害のある入所者らが優生思想を持った一人の元職員によって殺傷されたという事件自体はもちろんのこと、犯行を称賛したり犯人の思想を支持したりする書き込みがインターネット上にあふれたことも、当事者らに恐怖を与えるものだった。

裁判員裁判による事件の初公判が２０２０年1月8日に開かれ、以降、裁判の様子が連日メディアに取り上げられた。３月16日には被告人に死刑判決が言い渡され、その後弁護人による控訴を被告人自身が取り下げたことで判決が確定した。

裁判に際して二人の議員はコメントを複数回発表し、メディアのインタビューにも多数答えている。その中から木村と舩後のコメントの一部をそれぞれ引用する。(注10)

（木村）

人に迷惑をかける存在でしかない障がい者を抹殺することが彼にとってのゆるぎない正義であり、死刑すらも恐れない植松被告の使命感に私は恐怖を感じずにはいられません。

私は今回の判決で植松被告が罰せられても、今の重度障がい者が隔離され施設しか行き場が無い現状が改善されない限り、第二、第三の植松被告が生まれてくると思います。障がい者と健常者が分けられ同じ社会で生きにくくされている事の弊害が、残虐な事件を起こした植松被告を生み出してしまった原因だと私は思えてなりません。

（舩後）

施設に入所していた際、「おれのケアがなければ、舩後は生きてゆけないよ」と言った介助者がいると、その同僚が教えてくれました。これが、前述した（筆者注：施設職員と障害者の）見えない「上下関係」の実例であり、それを介助者に感じさせてしまうのが、施設という閉鎖空間の特徴なのです。加えて申し上げるなら、これこそが、入所した者でないと言い尽くせないことと、私は確信しています。

結果として、被告人のような「重度障害者は、生きている価値がない」と偏った思想を生んでしまう土壌になってしまうのではないかと考えています。施設という場所は…。申し上げるまでもなく、これは「やまゆり園」だけの例外的な問題では決してありません。

舩後は引用部分の前に「被告人に殺されたのは私だったかもしれません」とも述べている。二人は自身が施設に入所して虐待を受けた経験を持ち、そのことを交えながら施設によって障害者と健常者が分けられていることに事件の本質があることを主張している。

また、二人が当選した19年参院選には「安楽死制度を考える会」から代表の佐野秀光が比例で、その他公認候補9人が選挙区で立候補していた。結果はいずれも落選したが、比例では政党票で23万3千票余り、佐野の個人票で3万5千票余りを獲得した。

「安楽死制度を考える会」の主張は安楽死の法制化という一点のみだ。事前のカウンセリングの必要性や短絡的な決定を推奨するわけではないことを断りつつも、終末期の苦痛緩和に限らず「安楽死を希望する方には、安楽死を選択する権利を認める」制度を提唱している。(注11)

安楽死が制度として認められると障害者は死へ追いやられるのではないかという懸念は、当事者のあいだで強い。そのような安楽死法制化を単一争点として掲げる団体が、れいわ新選組の躍進と重度障害者議員の誕生の陰で、これだけの票を獲得したという事実がある。

そのような障害者の命が脅かされかねない日本社会の土壌は、2020年の新型コロナウイルス感染症の流行によって、さらに現実的なものとして意識されるようになっている。3月中旬以降、感染が急拡大して「第一波」が到来した。検査キャパシティや医療体制が逼迫したため、安倍晋三首相は３週間ほど前に改正されたばかりの新型インフルエンザ等対策特別措置法に基づいて、４月７日に緊急事態宣言を発令した。[注12] そのように状況が緊迫していた13日に、舩後は医療資源が不足した際の「命の選別」を懸念する声明を発表する。[注13]

高齢者や難病患者の方々が人工呼吸器を若者などに譲ることを「正しい」とする風潮は、「生産性のない人には装着すべきではない」という、障害者差別を理論的に正当化する優生思想につながりかねません。今、まず検討されるべきことは、「誰に呼吸器を付けるのか」という判断ではなく、必要な人に届けられる体制を整備することです。

新型コロナは高齢者ほど重症化しやすく、死に至りやすいとされる。そのような感染症の特性を指して、欧米では世代間格差に不満を持つ若者を中心に「＃BoomerRemover」がＳＮＳ上で拡散された。また日本でも、高齢者に対して「老害」という言葉が侮蔑的に用いられるなど、コロナ禍における若者世代の不満が「命の選別」へと向かいかねない状況にある。

11月19日には吉村洋文大阪府知事が「大阪全体で救急病床のトリアージをしていく」と述べた。重症度に応じた病床振り分けの最適化を図るという意味の発言とされたが、「命の選別」

を想起させる「トリアージ」という言葉を使ったことに批判が広がった。また、翌1月8日には田中良杉並区長が「トリアージ」のガイドライン策定を都知事に要望した。

このような政治家の発言や動向を危惧する声を筆者は多くの当事者から聞いた。医療現場レベルの生命倫理としての厳密な意味における「トリアージ」にも反対するかどうかはともかく、一度政治や行政によって命の価値が序列化されてしまえば、それはコロナ危機が去った後にも前例として残り、様々な場面で適用されるだろう。一つの自治体でガイドラインが定められると、自治体同士の相互参照によって他地域にも拡散することが危惧される。また、命の価値を序列化する構造が一度出来あがってしまえば、それが恣意的に運用される恐れもある。すなわち、「例外状態」が常態化し、その対象は拡大されていくのである。そのような社会では健常者や若者でさえ、自分の命がいつ脅かされてもおかしくはない。

コロナ禍における「命の選別」を支持する声はれいわ新選組の内部からも挙がった。19年参院選にも立候補した大西恒樹の発言が物議をかもしたのだ。大西は次回の国政選挙の候補予定者でもあった。以下は問題とされた7月3日に大西が動画を生配信した際の発言であり、それを批判した評論家の荻上チキによる文字起こしの一部を引用したものである。(注14)

どこまでその高齢者を、まぁちょっとでも長生きさせるために、こども、子供たちと若者たちの時間を使うのかっていうことは、あの真剣に議論する必要があると思います。まあこういう話多分、政治家怖くてできないと思うんですよ。まあ命の選別するのかとか言われるでしょ。命選別しないとダメだと思いますよ。ハッキリ言いますけど。何でかっていうと、その選択が政治なんですよ。あの選択しないでみんなに良いこと言っていても多分それ現実問題として多分無理なんですよ。そういったことも含めて、あの、順番として。これ順番として、えっと、その選択するんであれば、えっと、もちろんその、高齢の方から逝ってもらうしかないです。

この発言に対し、山本太郎は7日になって党のＨＰで「れいわ新選組の立党の精神と反するもので看過できない」と指摘する一方、「命について真摯に向き合うチャンスを与えたい」と処分はしない方針を示した。大西も同日中に謝罪し、動画をいったん削除した。しかし批判は収まらず、翌日には一転、党の総会で大西の処分を決定することが発表された。そして、10日には山本が記者団に「彼の発言は除籍に値する」との考えを示した。

その後、大西に当事者の声を聞かせる場が設けられたが、木村によると「自分の主張がいかに正しいかを話すだけで、当事者の必死な訴えに理解を示そうとはし」なかった。

さらに、その翌日には大西が問題の動画を再び公開した。反発した木村は総会を前に「今回の大西氏の発言は、決して許すことはできません」、「命の選別をするのが政治ではなく、命の選別をさせないことこそが、私が目指す政治です」と声明を発表した。(注15)
そして16日の総会では、5時間にわたる議論の末に大西の除籍が決まった。直後の記者会見で舩後は「残念ながら、大西氏のいうような『命の選別』を認める価値観は社会にまん延しています。そうした社会のなかで、全身麻痺で、人工呼吸器を付けている私が、国会議員として活動するのは、命の選別をさせない政治を実現するために、ほかなりません」と、前日の木村の声明に歩調を合わせた。
さらに同月23日には、２０１９年11月に本人に頼まれてＡＬＳ患者の女性を殺害したとして、医師二人が警察に逮捕された。この京都ＡＬＳ嘱託殺人事件の初報に接した舩後はすぐに見解を示す。(注16)

報道を受け、インターネット上などで、「自分だったら同じように考える」「安楽死を法的に認めて欲しい」「苦しみながら生かされるのは本当につらいと思う」というような反応が出ていますが、人工呼吸器をつけ、ＡＬＳという進行性難病とともに生きている当事者の立場から、強い懸念を抱いております。なぜなら、こうした考え方が、難病患者や重度障害者に「生きたい」と言いにくくさせ、当事者を生きづらくさせる社会的圧力を形成していくことを危惧するからです。……「死ぬ権利」よりも、「生きる権利」を守る社会にしていくことが、何よりも大切です。どんなに障害が重くても、重篤な病でも、自らの人生を生きたいと思える社会をつくることが、ALSの国会議員としての私の使命と確信しています。

障害者や難病患者の命が脅かされている現実のなかで、木村と舩後は当事者の国会議員としてそれに抗っている。「命の選別」や優生思想は、障害や難病を抱える個人に目を向ける。しかし、二人は国会審議でも声明でも、常に社会の〈障害〉を問題にして訴えているといえるだろう。

第４節　障害者がいる民主主義

代議制民主主義が制度化された日本において障害者が過少代表となっているということはすでに確認した。それでは、議会に障害者議員がいることにどのような意義があるのだろうか。「代表」という概念を軸に、女性の過少代表を問題視するフェミニズム政治学の議論を参考にしながら、木村英子と舩後靖彦の議員活動の意義を検討する。

政治学者の三浦まり［２０１５］は、代表概念の一般的な整理として「①代表者は何をすべきかを指示される（命令委任、代理人）」「②代表者は何をすべきかを判断する（信託、受託者）」「③代表者は何をすべきかを映し出す（当事者性、当事者）」の三つを紹介している［前掲書：6頁］。①の考えでは代表者は指示を越えたことができないのに対し、②では代表者にある程度の自由裁量が認められる。両者は一見対立するものだが、有権者の意向に沿った「実質的代表」を志向する上で、必ずしも二者択一とはならないという。

一方で、代表者が有権者と同じ社会的属性を持つという「描写的代表」の考え方もある。それが十分に確保された議会では、ジェンダーや階層、民族、障害の有無などが、実際の社会の人口構成と同様のものとなる。この概念はほぼ③に対応するが、しかし、現実にそれを競争的な選挙と両立することは困難だとされる。

改めて言えば、障害者は実質的代表においても、描写的代表においても、過少代表となっている。すなわち、障害者の利益が政策決定に十分に反映されておらず、人口構成比でも議員の数が少なすぎるのだ。

そのような状況を改善するためには、描写的代表を確保することが極めて重要であると考えられる。アン・フィリップが示した「理念の政治」と「存在の政治」の対比がよく参照される。前者は選挙で自分の考えに近い理念を掲げる政党に投票する政治のあり方で、後者は自分と同じ属性を持つ者に投票するあり方である。当事者性や描写的代表を重視する考えに基づくと、存在の政治が志向される。

女性の過少代表について、政治学者の前田健太郎［２０１９］は「描写的代表なくして、実質的代表を確保することができない」として、存在の政治が重要だと主張する［前掲書：68頁］。女性からして、同じ経験を共有する女性政治家は、男性政治家よりも自分の意見をよりよく反映すると考えられる。また、女性の多くが関心を持っていたのに関わらず従来は政治の争点とはならなかった問題を、女性政治家が存在するからこそ争点化することができるという。

このように考えれば、代表者の男女比が均等に近いほど、その政治体制は民主的であると考えられる。女性が多すぎても、男性が多すぎても、その政治体制は民主的であるとはいえない。ジェンダーの視点から眺めることで、代議制民主主義を標榜する既存の政治体制に対する評価も、従来とは大きく異なってくる。［前掲書：69頁］

前田の指摘は、ほとんどそのまま障害者にも当てはまるだろう。障害者に理解のある健常者議員が理念や政策を掲げていたとしても、経験を共有していないために、障害当事者とのあいだに齟齬が生まれることは考えられる。よく引き合いに出されるのは、車いす用のスロープを設置する例だ。実際にスロープを使用する当事者抜きに設計・設置をしたがために、傾斜が急でバリアフリーとなっていないことが多々あるという。前節の内容でいうと、木村が委員会で取り上げた多機能トイレの事例や新幹線の車いすスペースの事例が、まさにその典型だろう。当事者にとっては切実な問題であり、同時に当事者でないとなかなか気がつかない問題でもある。

また、一般に障害者本人の考えを代弁すると思われている家族についても、その「代弁」には留保が必要だと筆者は考える。歴史的に家族が障害者を抑圧してきたという面は、障害学や当事者運動が主張し続けてきたことである。そのことを踏まえると、やはり本人が議会参加をすることが重要である。

しかし、障害に関して難しいのは、人それぞれに〈障害〉がまったく異なるという点だ。そのことはすでに序章でも述べた。ただし、当然〈障害〉が異なっても障害者が共有するような経験や利益は多くある。したがって、この問題は描写的代表をどこまで厳密に考えるかということとも重なってくる。

それでも、障害者施策の働きかけや「命の選別」への抗議は、二人が当事者であるからこそのものだった。障害当事者である国会議員が抗議の意を示すことで、マスメディアの報道の仕方も変わり得る。代弁者たる健常者議員であったとすれば、強く抗議することはなかったのではないだろうか。やはり、描写的代表が実質的代表につながっているのである。したがって、やはり本書でもまずは描写的代表を確保するための方策を探ることになる。詳しくは終章で論じる。

【注】

（１）「障害福祉サービスについて」厚生労働省ＨＰ、https://www.mhlw.go.jp/stf/seisakunitsuite/bunya/hukushi_kaigo/shougaishahukushi/service/naiyou.html　２０２１年３月26日最終閲覧。

（２）「（厚生労働省告示第五百二十三号）障害者の日常生活及び社会生活を総合的に支援するための法律に基づく指定　障害福祉サービス等及び基準該当　障害福祉サービスに要する費用の額の算定に関する基準」厚生労働省ＨＰ、２００６年９月29日、https://www.mhlw.go.jp/web/t_doc_keyword?keyword=%E9%9A%9C%E5%AE%B3%E7%A6%8F%E7%A5%89&dataId=83aa8477&dataType=0&pageNo=1&mode=0　２０２１年３月26日最終閲覧。

（３）参議院が介護費用を負担することには反発も起き、インターネット上には「税金の無駄遣い」などと中傷する声があふれた。また、日本維新の会代表の松井一郎大阪市長は、一般的に就労時などの介護が保障されていない中で「国会議員だけ特別扱いするのはおかしい」と自己負担で賄うことを主張した。

（４）「えいこのかけはしだより　２０２０年夏号」木村英子ＨＰ、２０２０年９月18日、https://eiko-kimura.jp/2020/09/18/activity/1079/　２０２１年３月26日最終閲覧。

（5）松下秀雄「れいわ新選組代表 山本太郎さんインタビュー ―『地獄』をつくったのは無関心な私　脱消費税を掲げ、旧体制と闘う（山本太郎　れいわ新選組代表）」ＷＥＢ論座（朝日新聞社）、２０１９年12月24日、https://webronza.asahi.com/journalism/articles/2019121900001.html?page=1　２０２１年３月26日最終閲覧。

（6）れいわ新選組はそれに先立つ２月26日には、不完全な防疫・対策に命の危険を感じるとして自民党と野党統一会派の国会対策委員長に対し、国会休会などを申し入れていた。
「参議院文教科学委員会欠席について」舩後靖彦ＨＰ、２０２０年３月10日、https://yasuhiko-funago.jp/page-200310-1/　２０２１年３月26日最終閲覧。

（7）しかし、２０２１年２月24日には木村の新型コロナ感染が発表された（国会議員では11人目）。
また、国会への遠隔参加には日本国憲法第56条の規定にある議員の「出席」の解釈が法律上の問題となる。議場にいることだけでなく、遠隔で参加することを「出席」と捉えられるかが焦点である。

（8）松下秀雄「『怒り』を訴えたれいわ・木村英子参院議員は何を伝えたかったのか（上）―コロナ対策協議会に参加できず、こぼれ落ちる『当事者』の声」ＷＥＢ論座（朝日新聞社）、２０２０年４月５日、https://webronza.asahi.com/politics/articles/2020040100009.html?iref=pc_ss_date_article ２０２１年３月26日最終閲覧。

（9）「新型コロナウイルス対策についての障害者関連施策の要望」舩後靖彦ＨＰ、２０２０年３月25日、https://yasuhiko-funago.jp/wp-content/uploads/2020/05/20200325.pdf　２０２１年３月26日最終閲覧。

（10）「やまゆり園事件の判決をうけて」木村英子ＨＰ、２０２０年３月16日、https://eiko-kimura.jp/2020/03/16/activity/646/　２０２１年3月26日最終閲覧。

「相模原市障害者施設殺傷事件の判決を受けて」船後靖彦ＨＰ、２０２０年3月16日、https://yasuhiko-funago.jp/page-200316-2/　２０２１年3月26日最終閲覧。

（11）佐野秀光「安楽死制度を考える会　基本理念」安楽死制度を考える会ＨＰ、http://honshitsu.org/rinen.html　２０２１年3月26日最終閲覧。

（12）延長を経て、5月25日に全都道府県で解除された。

（13）「新型コロナウイルスの感染拡大に伴う『命の選別』への声明」船後靖彦ＨＰ、２０２０年4月13日、https://yasuhiko-funago.jp/page-200413/　２０２１年3月26日最終閲覧。

（14）発言は以下の動画の再生時間（51分58秒）から。
「『正しさ依存症』とそれを生み出す教育について（ライブ配信２０２０年7月3日）」大西つねき（youtube）、２０２０年7月3日、https://www.youtube.com/watch?v=whuSV-Uq2_A&feature=youtu.be　２０２１年3月26日最終閲覧。

荻上チキによる批判と文字起こしは以下。

荻上チキ「大西つねき氏の『命の選別』発言の問題点（文字起こし付き）」note　２０２０年7月16日、https://note.com/ogiuechiki/n/n96ed80d5f622　２０２１年3月26日最終閲覧。

（15）「大西つねき氏の『命の選別』発言について」木村英子ＨＰ、２０２０年7月15日、https://eiko-kimura.jp/2020/07/15/activity/1053/　２０２１年3月26日最終閲覧。

（16）「事件の報道を受けての見解」船後靖彦ＨＰ、２０２０年7月23日、https://yasuhiko-funago.jp/page-200723-2/　２０２１年3月26日最終閲覧。

第3章　三井絹子の「闘い」
――もう一つの政治過程

本章では、木村英子議員と関係の深い三井絹子の「闘い」を追う。絹子は当事者として障害者運動の一つの流れを先導し、自ら「生きる権利」を獲得してきた。そこから、障害者の議会参加について前章までの内容とはまた異なる側面が見えてくるだろう。

筆者は２０２０年11月30日から三井絹子が理事長を務めるＮＰＯ法人「ワンステップかたつむり国立」の活動に週３～４日程度参加し、有償ボランティア(注1)として知的障害のある若者たちの介護をしたり、木村英子の「自立ステーションつばさ」と合同で行った劇に出演したりしてきた。そのなかで聞き取り調査を行い、かたつむりの活動や闘い、そして障害者の自立生活の様子を目の当たりにした。

類似する先行研究としては、深田耕一郎［２０１３］がある。深田は、絹子の実兄で自身も重度障害者であった新田勲の介護者の一人であった。参与観察を通して勲の生涯や障害者運動の足跡を考察した。

また、安積純子ほか［2012］は障害者の自立生活の実態や歴史、社会的背景をまとめている。そこでの定義を参考に[注2]、本書では「自立生活」とは次のようなことを指すものとする。すなわち、日常生活に介護が必要な障害者が、その生活を、基本的に、施設においてでなく、定位家族や定位家族による雇用者によらず営む生活である。また、そのような自立生活では一般的に、介護の主な担い手は家族（定位家族・生殖家族）でないことが望ましいとされる。筆者はその定義のほうが実態に合っており、誤解を招かず、知的なども含む障害者が結婚をして子どもを産み育てるという〝当たり前〟を強調できると考える[注3]。

ちなみに、安積純子（遊歩）は1980年代にアメリカから「自立生活センター」（CIL）の方法論を日本に輸入した一人であり、新田や三井らによる障害者運動とは異なる文脈で自立生活運動を展開した。かたつむりから見たCILについては第3節で触れる。

日本社会臨床学会編［1996］は三井夫妻らに対する聞き取りを交えながら、府中療育センター闘争やかたつむりの活動の歴史についてまとめている。そこでいう「自立」とは「ある人の一定の状態を外側から指すことではな」く、「ある人の内側から見える、施設の捕らわれから解放される過程」とされている［前掲書：94頁］。かたつむりが目指してきたのは、確かにそのようなものだったともいえる。
本章ではこれら三つの先行研究や三井絹子自身の著作などを参考に、絹子らの視点に立って記述を進める。(注４)

第１節　施設から地域へ

１９４５年に疎開先の埼玉県で生まれた三井絹子は、水たまりに落ちたことがきっかけで高熱を出し､生後半年で重い障害をもった。６歳の時には就学猶予の通知が来て､社会からの「排除」を経験した。

９人家族の大所帯で、戦後の食糧難の時代を生きた。そのような中で父が病死し、一家の稼ぎ頭が長兄へと移った。そしてその長兄が結婚することになり、絹子と、同じく重度の障害があった兄の新田勲の二人を、施設へ入れるという話が持ち上がった。

そして20歳の誕生日を迎えてすぐの１９６５年5月、勲とともに町田荘という障害者施設に入所した。それが絹子にとって初めて経験する社会だったといい、職員に勉強も教わった。

しかし、施設はいつの間にか授産施設のようになり、障害の重い二人を施設側が追い出しにかかってきた。

私たち兄妹がくびをたてに振らないものだから、親を説得し、親から私たちを説得させ、それでもたてに振らなかったら、辞めた職員まで呼びよせて落としにかかってきました。「もう役所には移転の書類が出来ている。いくら嫌だと言っても無理だ」と言う管理者の冷たい言葉。この時、私は初めて自分の置かれている立場、つまり、「私はしょうがいしゃなんだ」という事に気がつきました。紙きれ一枚でどうにでもされる。殺されても何も言えない身なんだと分かりました。この事がきっかけで、私は人間として生きることや、しょうがいしゃ問題に目覚め、その一歩を歩み出したのでした。

［三井２００６：42頁］

絹子の「闘い」はここから始まる。１９６８年に、当時「東洋一の施設」と言われていた府中療育センターに兄妹で入所した。センター開設は美濃部亮吉都知事の目玉政策であり、革新都政の成果として高く評価されていた。センターは都の衛生局が管理し、入所者は「病人」「患者」として扱われた。私物の持ち込み禁止、面会や外出・外泊の制限、トイレの時間制限、男性職員による入浴介助といった、虐待や非人間的な扱い、日常生活での抑圧が続いた。(注5)

１９６９年、荒木裁判闘争[注6]の応援のために外出した絹子は、学生ボランティアとして参加していた3歳年下の三井俊明と出会う。時間を共有するうちにお互いに惹かれ始め、恋人となった。しかし、センターにいる限りは一緒に生活することができないため、施設から出て自立生活を始めることを模索し始めた。

そんな中、施設職員に腰痛者が続出して在所生の待遇が一段と悪化した。さらに、センターを重度心身障害者専用の施設とするために、すでにいる入居者を新設する他の施設へと移す計画が当事者への説明なしに進んでいることが判明した。絹子ら一部の在所生はそれらに抗議し、１９７２年９月には当時の都庁第一庁舎前にテントを張り、座り込みに突入した。いわゆる「府中療育センター闘争」[注7]である。１年９か月ほど座り込みを続ける中で、移転反対や施設内での待遇改善を求めた。

１９７５年、絹子はセンターを退所し、夫となった俊明とセンターからほど近い国立市で自立生活を始めた[注8]。しかし、当時の制度は重度障害者の自立生活を想定しておらず、介護は夫の俊明やボランティアに頼るほかなかった。それではあまりに負担が大きく不安定でもあるため、公的な介護保障を求めて行政と交渉を始めた。

１９７９年、絹子が娘を出産した直後、俊明が過労で倒れて入院した[注9]。利用できた行政の制度や施策は、生活保護と重度脳性麻痺者介護人派遣事業、各種手当くらいで、それも「多くはこちらから要要(ママ)求して利用できたもの」だった［三井1979：56頁］。結局、ボランティアでローテーションを組んで何とか乗り越えた。

ちなみに、そのなかの重度脳性麻痺者介護人派遣事業は、兄の新田勲らが東京都に働きかけて実現させたものだった。勲を中心に1973年に結成された「在宅障害者の保障を考える会」（在障会）は、それに影響を受けて設立された他団体と連合して「全都在宅障害者の保障を考える会」（全都在障会）を形成し、家事援助くらいしか認められない従来の家庭奉仕員派遣制度だけでは不十分だと訴えて東京都民生局と交渉した。その結果、74年から都独自の制度として実施されたのが同制度だった。「日常生活への行政の介入を排除し、介護関係のなかに『人間的な接点』や『障害者の主体性』を担保するための仕掛け」として、介護者（＝人・サービス）ではなく介護料（＝金銭）が支給された点が画期的だった［深田2013：342頁］。この経験は、以後の公的介護保障要求運動の基盤となる。

しかし、それでも重度障害者が地域で暮らしていくには十分ではなかった。制度の利用回数や利用対象の拡大を行政に求めて闘いを続けた。その結果、制度は重度脳性麻痺者等介護人派遣事業（〝等〟がついた）、全身性障害者介護人派遣事業へと発展し、24時間365日の介護保障が認められるようになった。しかし、それとともに都の財政負担が増し、自治体独自の施策として全国的な広がりを欠くことも問題となった。そこで都では新たに国のホームヘルプサービス予算を投入する方策が模索され、１９９７年に全身性障害者介護人派遣サービス事業として実現した。この頃には都と交渉を進める全都在障会と同時に、８８年に結成された「全国公的介護保障要求者組合」（要求者組合）が国と交渉を進めていた。絹子もそこに参加している。

その後、２００３年から導入された国の支援費支給制度によって「措置から契約へ」と障害者福祉の転換がなされた。国が財源不足を理由に、障害者福祉政策を介護保険制度に吸収することを図ったものとされ、障害当事者からは強い反発が起きた。(注10)「契約」に移ったことで事業所側が障害者を選り好みするようになるなど新たな問題も生じたが、障害者運動の側は「見守り」を含む重度訪問介護の制度を勝ち取った。(注11)しかし、最低限の「命の保障」に過ぎず、重度障害者の就学就労・政治活動・宗教活動・余暇活動などは未だ十分には保障されていない。(注12)

また、絹子は他の障害者の自立を助ける活動も行ってきた。自立生活を始めた直後に開始した「くにたちかたつむりの会」の活動は、「みんなを施設から出したい」という思いから始まった。１９８３年には「かたつむりの家」を開設し、希望者に約３か月間自立生活の練習をさせた。そこでは生活実習だけでなく、福祉制度を熟知することや、ビラを配って自分でボランティアの介護者を確保することなどを求めた。その活動は口コミで広がり、重度の身体障害者ら１００人以上が利用して自立生活へ移行したという。木村英子もそのうちの一人である。

かたつむりは、一時休止を挟んで１９９３年から「ライフステーションワンステップかたつむり」として活動を再開し、現在はＮＰＯ法人「ワンステップかたつむり国立」として知的障害のある若者たちとともに活動している。

第２節　生きるための政治活動

すでに概説したが、地域で人間らしく生きるために三井絹子らは闘い続ける必要があった。本節では絹子や夫の俊明、かたつむりの介護者たちから筆者が聞き取った内容を中心に、彼女らが地域で生き続けるために行わざるを得なかった行政や政治との関わりを記述する。絹子は「指文字」や文字盤を指すことで言葉を紡ぎ、介護者や筆者自身がそれを読み上げて確認するかたちでコミュニケーションを取った。

三井夫妻は自立生活を営む中で基礎自治体である国立市に度々支援を求めてきた。しかしその対応は冷たいもので、「(市役所に) しょっちゅう泊まり込んだ」と絹子は振り返る。要求を認めてもらわなければ生活を続けることができないため、17時だからといって帰ることはできなかったのだという。例えば、自立生活を始めて間もないころ、俊明が仕事と介護を両立することは難しかったため、夫婦で生活保護を受給することを国立市役所に申請した。市は支給を拒否したが、それでは地域で生活を続けられないので、二人は府中療育センター闘争の経験を活かして粘り強く支給を迫った。その結果、全国的にも極めて珍しく、重度障害者と健常者の夫婦二人ともに生活保護が認められた。介護ヘルパー派遣の回数や時間についても、そのように数年がかりで要求を認めさせていったのだという。

言葉だけではなくて実際に動いてくれる政治家もおらず、当初は政治家を頼ることがなかった。絹子は「（政治家を）本当に信じられなかった」と当時を振り返る。自分たちで直接行政と交渉するほかなかったのだ。

そのような中、１９７６年に国立市議会議員だった井上スズが自宅を訪ねてきた。市議会で国の優生保護法の改悪が問題となっているときで、改悪阻止運動の資料を貸してほしいとのことだった。そこで初めて信頼できる政治家とつながることができたという。俊明は「うちから自立した人が家を借りるときに、保証人にまでなってくれた。それくらい親身になってやってくれた」と話す。

革新無所属として市議を８期32年間務めた井上が引退した後にその地盤を継いだのが、ＰＴＡ活動に積極的に取り組んでいた上村和子だった。

上村とは当初、対立することが多かったという。俊明によると、市議になる前に滝乃川学園(注13)の非常勤職員として働いていた上村には当時、「施設の臨時職員としての癖や偏見みたいなもの」があり、そこから意見の相違が生じた。しかし、「議員とはとことんやりあう」と絹子が語るように、その度に話し合って自分たちの状況や考えを理解してもらうように努めた。かたつむりで、障害者として一日中車いすで生活して介護を受けるという「される体験」も行った。その結果、いまでは上村とのあいだに強固な信頼関係が築かれている。

その上村の働きかけもあって、2004年に絹子は第三次地域保健福祉計画策定委員として、はじめて国立市の行政に当事者として参画した。そして2006年には同計画の推進協議会委員長に選ばれ、5人の介助を受けながら役割を果たした。そしてその後も市行政に障害当事者として参画してきた。現在では知的障害のあるかたつむりのメンバーらも、それぞれ審議会委員や図書館協議会委員などを務めている。

また、2005年に国立市は全国に先駆けて「しょうがいしゃがあたりまえに暮らすまち宣言」を出し、2016年にはそれを基にした「誰もがあたりまえに暮らすまちにするための『しょうがいしゃがあたりまえに暮らすまち宣言』の条例」を施行した。これも上村の働きかけによるところが大きかったという。

俊明は「上村和子は一人会派だけど熱心にやっていて、議会でもたくさんの質問をする。多数派工作ではないけど、周囲を巻き込んでいくのが上手い」と話す。2019年には俊明が代表となって政治団体「『生きる権利を市民の手で！』の会」を設立し、同年の国立市議会議員選挙で上村和子が５選を果たすのを後押しした。

また、長年交渉を続けるうちに、国立市行政の姿勢も徐々に変化してきたという。「闘い」は「話し合い」に変わっていき、市が現場の声や個別事例に柔軟に対処するようになった。現在では市が社会福祉協議会と積極的に連携を図り、以前とは比べ物にならないほどに障害者の命や生活を気にかけるようになっている。

国の障害福祉法制を一元化する障害者自立支援法が制定された際には、新たにできた介護制度の隙間を埋めるべく、市独自の「地域参加型介護サポート事業」が創設された。これは利用者自らが介護者を市に推薦・登録して派遣してもらう「自薦登録方式」を採用したもので、「家事援助のみ」「身体介護のみ」といった利用制限はなく、介護には「見守り」も含まれる。障害認定の有無に関わらず、市が認めると利用できる。さらに、この制度ではヘルパーの資格の有無も問われない。(注14) 当事者の意見を取り入れた画期的な制度だった。

しかし、やはり行政だけに頼るのでは限界がある。権限が限られているし、担当者によって理解の度合いや個別ニーズに対する柔軟さが異なる。また、たとえ熱心に取り組んでくれる職員がいても数年で異動してしまう。

そうなると、政治に働きかけるほかない。絹子らは上村だけではなく、国立市の永見理夫市長とも良好な関係にある。国立市長との関係は、生活者ネットワーク出身で１９９９年から二期務めた上原公子市長の頃から続いている。特に現職の永見とは、彼が福祉担当の市職員だった頃からの数十年に及ぶ付き合いで、幾度となく衝突をしてきた。だからこそ、理解や信頼が育まれ、市長になった今では「声をかけたらすぐに来て話を聞いてくれる」関係にある。２０２０年12月に行われた国立市長選挙では保守系の永見に対し、革新系の新人一人が挑む構図となった。その際に絹子は永見の推薦人に名を連ね、永見の再選を後押しした。

２０２０年7月の東京都知事選挙では立憲民主党や共産党、社民党が支援する日本弁護士連合会（日弁連）の元会長・宇都宮健児を応援した。れいわ新選組の山本太郎も立候補していたが、山本には国政での活躍を期待しており支援することはなかった。宇都宮が掲げた障害者政策のほとんどは絹子たちが要望したものだといい、絹子は応援演説にも立った。

このように絹子たちは党派性に関わらず、障害当事者のことを考え、要望を聞いてくれる人を応援するのだという。[注15] そして国政ではれいわ新選組と山本太郎、都知事は宇都宮健児、国立市長は永見理夫、国立市議は上村和子を支援してきた。

絹子らは「自助」や「共助」が優先されて「公助」がなければ、障害者が自立生活を送るのは難しいと考えている。例えば、近隣住民に手助けを求めることは、良好な近所付き合いを阻害しかねない。当たり前のように地域で生活するには、まず「公助」が優先されなければならないという切実な必要があるのだ。絹子らは行政と闘い、それでも行政が動かないからこそ、政治にも関わってきた。政治活動は「闘い」の延長である。

絹子に誘われて、筆者は全国公的介護保障要求者組合の会議を傍聴してきた。前述の通り、要求者組合は１９８８年から主に新田勲が中心となって国と交渉してきた団体である。分裂を経た97年から木村英子が書記長を務め、新田が亡くなった後、妹である絹子が委員長を引き継いだ。現在では近隣の組合員は国立市内のかたつむり事務所に集まり、参議院議員会館内の木村英子事務所や全国の組合員とオンライン会議アプリ「Ｚｏｏｍ」で繋ぐかたちで、隔週で会議を行っている。

できるだけ多くの障害者が必要な介護を受けられるよう行政に求めるのが要求者組合の基本方針で、厚生労働省や自治体との団体交渉を行う。(注16)要求者組合には全国の障害者から相談が寄せられ、対応を話し合うことも多い。(注17)地域で自立して暮らす重度障害者はほとんど誰もが、個々人で行政と闘わざるを得ないというが、個人では相手にされないことや知識がなくてどうしたらよいのか分からないということもある。組合員は制度や行政との交渉に精通しており、なかには１９７０年代頃から障害者運動に関わってきた者もいる。経験知を持ち寄り、寄せられた相談に対する最善策を練ったり、行政との交渉を行ったりしている。いまでは木村英子事務所とも連携を取っている。

以上から明らかなように、府中療育センター闘争以来の障害者運動の流れの中に木村英子の議員活動を位置づけることができる。三井絹子のかたつむりの活動を通して木村が自立生活を始めたという経緯もあり、両者の関係はいまでも密接だ。[注18] 木村自身が設立したつばさとかたつむりには、合同で劇をしたり餅つきをしたりする交流がある。木村が国会で取り上げてきた問題は、そのような当事者との関係のなかでボトムアップ的に寄せられたものがほとんどだという。議会参加には序章で紹介した「障害の社会モデル」や「当事者参画」といった側面だけでなく、「闘い」の延長線上としての側面もあるのだ。[注19]

木村英子が立候補を決意した際に約束した通りに絹子は木村の議員活動を支えており、夜中に数時間電話で相談に乗ることもあるという。障害者、とりわけ「最重度」である木村が国会議員になったことを絹子は高く評価している。障害者であるといってもそれぞれに思いは異なり、重度によっては容易に妥協も生じる。自分たちのような最重度の障害者が国会にいるということに大きな意義があるという。

絹子の夫である三井俊明は「本人は意識していないが、木村英子の背後には100万票がある」ということをよく口にする。筆者が傍聴した2020年12月1日の国土交通委員会では、木村が自身の被差別体験とそのときの行政の対応を取り上げたが、答弁する官僚が最初に謝罪を口にしていた。[注20] そのように、官僚が無下な対応をできなくなったことが、重度障害者が国民の代表者である国会議員になった意義を端的に表しているという。国交委員会では赤羽一嘉大臣が答弁し、その一声で制度の改善に向けて官僚が動き出すことも多いようだ。従来の交渉とは省庁の対応が大きく異なることを実感しているという。

絹子の介護者たちは、特に前述した大西恒樹による「命の選別」発言の際に意義を強く感じたと言う。[注21] 発言後に当事者を交えて行われたという大西へのレクチャーは、かたつむりの事務所で開かれた。それに参加した彼女らによると、大西は当事者の声に理解を示そうとせず、「全然謝罪になっていなかった」。絹子は重度障害者にとっては「一回のあやまちが命に関わる」と言う。木村も自らが当事者であるからこそ、大西の発言を強く批判した。健常者による代弁では不可能だったことであり、その点で重度障害の当事者が国会議員である意義があったという。

第3節　日常の非対称と政治

本節では、これまでには触れられなかった三井絹子の闘いやかたつむりの活動をいくつか挙げたい。重度障害者にとって〈障害〉は日常的に存在する。多くの人たちにとって些細なことが、ある人にとっては重大なことがあり得るというのは、本書を貫く問題意識でもあった。

例えば、入浴は絹子にとって重要な問題であり続けている。かつて入所していた府中療育センターでは入浴日が定められ、入りたい時に風呂に入ることができなかった。絹子はセンターでの入浴にまつわる次のような話を書いている。

> はいって（筆者注：府中療育センターに入所してから）3日目、入浴日だった。裸にされてつれていかれ、目の前に海水パンツ一つの男性が立っていた。びっくりして声もでない……。出てからというものご飯も食べられず、一日中泣いていた。それからは入浴を拒否し続けた。わがままだ、いれてくれるだけでもありがたいと思わなければいけない。ぜいたくだ、などとよくいわれた。労働力の軽減のために、男子をつかうのである。［三井1978：4頁］

さらに、都庁前での座り込みを終えていったんセンターに戻った絹子は、1974年6月10日から同性による風呂介助を求めて入浴拒否に突入した。障害があることを理由に人間を人間として、女性を女性として見ないということに反発しただけでなく、多発していた男性介助者による性的ないたずらへの抗議の意味もあった。

地域で自立してからは、別のかたちで入浴に困難が生じた。絹子の自宅である公営住宅の浴室は狭く、介護者とともに入ることが難しい。そのため、国立市内の再開発事業をめぐって温泉施設を建設するよう市に陳情を出していた。その甲斐あってか２０１１年に温泉施設が完成したが、以後６年間、事業者による入浴拒否にあったのだ。

絹子は脱衣所で入浴用の車いすに乗り換えて浴場に入る必要があるが、事業者はそれに難色を示した。交渉をしても事業者側の態度は変わらず、絹子はビラを配ったり講演会で話したりして市民に訴えざるを得なかった。また、上村和子が市議会で問題を取り上げ、市長や市職員も事業者に働きかけた。その結果、ようやく入浴を認めさせることができたのだという。障害者差別解消法や市独自の条例が２０１６年に施行されたことも影響した。

しかし、困難はそれで終わらない。２０２０年4月、新型コロナウイルス感染症の流行によって緊急事態宣言が発令されると、その温泉施設が長期間にわたって休業することになった。絹子は仕方なく近隣の銭湯に出かけたが、そこでも車いすで床が傷むことや他の客への迷惑を理由に入浴を拒否されてしまう。市も介入して交渉を行うなかで、銭湯側は事前連絡を条件に他の客がいない時間帯の入浴を求めてきたが、障害を理由に他の客と異なる処遇をするのは差別に当たると、当然絹子はそれを認めることができない。粘り強く話し合い、やっとの思いで入浴することができたという。障害者差別解消法や条例の周知が十分でなく、理念法であるがゆえの限界も感じる出来事だった。

非対称はもちろん入浴に限らない。飲食店、映画館、テーマパーク、飛行機など、行く先々で入店拒否にあったり、他の健常者の客とは異なる不当な扱いにあったりするのだという。

また、ＪＲ国立駅の構内にある18人乗りエレベーターは、絹子ら国立市の障害者による働きかけで設置された。ＪＲの駅に設置されている標準的なエレベーターでは大型車いすに乗った当事者と介護者、車いすのストレッチャーを同時に載せるのに広さが十分ではない。そこで、国立市や東京都、ＪＲ東日本と交渉した。

国立駅には同様の経緯で多機能トイレも設置された。交渉を始めてから設置まで約15年かかったという。しかし、いまでは誰もが多機能トイレを使えることが、かえってそこしか使えない人の利用の妨げになるという問題が生じている。

絹子らが困難に直面しながらも地域で闘い続ける理由には、やはり施設で受けた虐待や非人間的な扱いの経験がある。特に重度障害児には養護学校で育ち、親の世話を受けながら作業所に通うか、施設に入れられるかというライフコースしか実質的に用意されていない。親元で暮らしていても「８０５０問題」のような老老介護の懸念があり、親の亡き後には結局施設に入所することが多い。そのような現状に抗って、かたつむりでは吸収の速い若いうちに自立を果たすことを支援している。

現在のメンバーの中には中学生のころから親元を離れた者もいる。親は過保護になりがちであり、それが自立を妨げかねない。かたつむりでは本人の潜在能力を引き出すために、入会後は子どもとほとんど関わらないことを親に求める。それに反発した保護者の意向ですぐに辞めてしまう者も多いという。

万が一災害が発生して一人になった時などにどのようにして生き残るかが、特に知的障害や言語障害のあるメンバーにとっては大きな課題となっている。そのような場合に周囲に協力を得て地域で生活を続けるためにも、やはり自分でできることが多いに越したことはない。かたつむりでは過度の介護を慎み、できるだけ本人の判断や行動を促し、尊重する。それに伴う責任も基本的には本人が負う。地域で責任を持って生活していれば、周囲に認識され、理解も得られるということをかたつむりは期待している。そして実際に、メンバーは本人名義で不動産会社と契約し、一人暮らしをしている。

深田耕一郎［２０１３］は、障害者が地域で生活するための自立生活運動を、「ヴァナキュラー・サイド」（裏）と「モダン・サイド」（表）の二つに分類している。

深田は東京で芽生えた当初の公的介護保障要求運動を「都市の運動でありながら、人間の関係のあり方をきわめて土着的（ヴァナキュラー）にとらえたゲマインシャフト型の運動」［前掲書：５１８頁］と評価し、かたつむりやその精神を受け継ぐつばさの活動をその文脈に置く。彼によると、特にかたつむりやつばさは障害の有無に関わらずメンバー間で密接な関係を築き、集団行動を活動の基本とする「コミューン的な共同体」［前掲書：５３１頁］である。筆者が活動に参加する中でもそのような一面が見られた。

一方で、深田は１９８０年代中頃に始まった「自立生活センター」（ＣＩＬ）[注22]を、介護人確保という目的合理性を持ったゲゼルシャフト型の組織と捉えている。「ＣＩＬは行政から『お金を取ってくる』ことよりも、……個々の障害者の自立生活を支援する事業に力点を置いた。そのため当事者主体の『事業体』でありつつ、そのことが社会運動となるような『運動体』としての側面を持った」〔前掲書：５２２頁〕という。

しかし、例えばかたつむりやつばさの劇は、メンバー間の親睦を深めることや楽しむことだけのために行われているのではない。一人でも多くの人に活動を知ってもらい、地域で生活する障害者への理解を深めてもらうという目的もある。

また三井俊明からすると、ＣＩＬでは行政に強く働きかけることをせず、金銭を媒介に介護する／されるというビジネスライクな関係でしかなく、障害者個人の生活や人権が十分に保障され得ない。[注23]「彼らは結局、運動ではない」という。

介護だけでなく劇や闘いなどにも積極的なコミットメントを求めるかたつむりの活動では、介護を担う人手不足が慢性的に生じる。しかし、かたつむりからすると、障害者が地域で当たり前のように人権を認められ、自立した生活を送るためには、現状ではそのように集団的に行動するほかないという認識がある。介護をする／されるという関係性を越えた密接な人間関係のもとで、介護者も一緒になって差別と闘い、自立生活の環境を整えるために闘っている。

それは、なぜ自立生活をするのかという本質的な部分に関わる。かたつむりにおいても人手不足が気にならないわけではない。しかし、施設での虐待や抑圧から逃れて〝普通の生活〟を志向した１９７０年代の障害者運動の精神を受け継ぐかたつむりでは、介護者にもそのことへの理解を求める。〝普通の生活〟を送ることに目的を置いている以上、そこで妥協はできない。(注24)

その意味でかたつむりは、ＣＩＬとはすこし異なる目的のための合理性に則って、「コミューン的な共同体」を形成しているともいえる。彼女らは、健常者にはすでに認められている人権が、障害者にも当たり前のように保障されることを求めているのだ。

だからこそ、絹子は障害者差別だけでなく、在日コリアン差別や部落差別、被爆者や水俣病、ハンセン病、森永ヒ素ミルクの問題の当事者とも連携を図ってきた。課題や悩みはそれぞれに異なるが、差別が生じる根本は同じであり、まずは問題を知ることが大切だという。

「寝たきり」「かわいそう」「生きている価値がない」といった言葉も、彼女からするとヘイトスピーチだ。京都ＡＬＳ嘱託殺人事件の際にはインターネット上にそのような言説があふれたが、他人がその人の命や生の価値を評価することは間違いだと強く思ったという。

絹子は「私は（障害者）差別を知ってほしくて（他の問題にも）関わっていくけど、そのなかで私も他の視点を知っていく」と語る。将来的には国立市内に人権に関する博物館をつくることを目指している。

【注】

（1）厳密に言えば、かたつむりのメンバーらが運営する有限会社の雇用である。

（2）「自立生活」とは、「日常生活に介助が必要な重度の全身性身体障害者が、その生活を、基本的に、施設においてでなく、また家族や家族による雇用者によらず営む生活を指す」〔安積ほか2012：91頁〕というもの。

（3）「結婚や出産をすべき」ということを意味するものではない。また、〝当たり前〟や〝普通〟はマイノリティの側から求めることはあっても、マジョリティの側からそれを押しつけることがあってはならないと考える。

（4）ただし、「障害」「障害者」という用語の一点のみその例外としたい。かたつむりでは差別や偏見を乗り越えていくという意味で、「害」という表現のマイナスなイメージの払拭を願い、あえて「しょうがい」「しょうがいしゃ」と表記する（国立市行政もその考えを取り入れている）。序章で述べたように、それを否定するものではないが、本書ではあえて「障害」「障害者」と統一する。

（5）深田耕一郎〔2013〕は、ゴッフマン〔1961＝1984〕が描いた「全制的施設」としての精神病院と府中療育センターの類似を指摘している。入所者は抑圧を受けて非人格化していく。そして抑圧を受けているという感覚すら失われていき、自ら規則に従うようになっていく。

（6）障害者欠格条項によって自動車運転免許の取得を拒否された荒木義昭が、約3年間無免許運転を繰り返した末に起訴されたことに対して抗議した運動。

（7）荒木裁判闘争や府中療育センター闘争、青い芝の会神奈川県連合会による活動といった１９６０年代後半～70年代の障害者運動は、障害当事者が主体となって施設や社会のあり方に対して疑問を投げかけた。親や関係者が中心となって「コロニー」建設を求める従来の「障害者運動」とは質的に全く異なるものだった。

（8）日本社会臨床学会編［１９９６］や須田真介［２０１８］によると、府中療育センターを経て自立生活へ移行したのは絹子や勲ら数人で、ほとんどの入居者はセンターや他の施設（日野療護園・多摩更生園）に残り、「生活の場」をつくることを目指して要求を続けていった。

（9）妊娠が発覚した際には医師や母親、周囲の人の多くに中絶を勧められたという。子育ての指示は全て絹子が出し、自分の子どもにまで差別されることがないように厳しくしつけをした。

（10）全員を強制加入させて画一的なサービスを提供しようとする現行の介護保険制度は、個別的なサービスが必要なだけ求められる（重度）障害者には馴染まないと考えられる。［三井２００６］

（11）重度訪問介護は以上のような成立過程から、他のサービスとは異なる類型であると考えられる。自治体がそのことを認識せず、介護保険や居宅介護などの他サービスの運用と混同した結果、重度障害者に十分な介護が保障されないケースが多発しているという。

（12）65歳以降になると原則的に障害者福祉制度から介護保険制度に切り替えられる「介護保険優先原則」の廃止、介護制度の利用上限撤廃、ヘルパーの資格の廃止なども、重要な論点である。

（13）国立市内に所在し、約１３０年の歴史を持つ日本最初の知的障害者施設。

(14) 人それぞれに適切な介護は異なる。そのため、資格は何の役にも立たないどころか、むしろマニュアル化された手順を押しつける点で有害ですらあるというのが、かたつむりの見解である。さらには人手不足という問題もあって、彼女らは資格制度に反対している。

２０２０年には新型コロナウイルス感染症の流行で介護を担う人材の不足が深刻化したが、三井絹子らが木村に要望を伝えた結果、無資格者が訪問介護サービスを行うことを認める特例が国から出されたという。

(15) かたつむりの介護者によると、知的障害のあるメンバーには候補者のマニフェストの内容を劇のように演じて見せるなど噛み砕いて説明し、最終的にどの候補者に投票するかは本人の判断に任せているという。本人が少しでも理解できるように試行錯誤しているが、ポスターを見た印象で決めてしまうようなこともある。「でも、健常者でもそういうことってありますよね」という筆者の感想に、介護者も「そうだね」と笑った。

(16) 障害者自立支援給付や生活保護といった自立生活の基盤となる制度を扱う事務処理権限は、市町村や特別区にある。さらに、２０００年代に地方分権改革が進められて自治体の主体性が強化されたため、国が指導力を発揮することも難しくなった［辻２０１９］。そのため、自治体によって障害者福祉の運用の実態が大きく異なる事例も多いという。当事者からは、明確な運用基準や通知を自治体に示すことが厚労省に求められている。

(17) 筆者が傍聴していて驚いたのは、自治体行政の「お役所仕事」によって地域で暮らす重度障害者が置かれている窮状である。介護者の人数を増やしたり時間数を延ばしたりすることを数か月〜数年単位で行政に掛け合うが、容易には認められない。そもそも制度の内容や運用の仕方、支給決定の過程について行政側と大きな情報格差があるため、情報開示請求をするところから始まることさえある。また自治体によっては、審査のために「一日の排便の回数とその時間」「一か月に外出する頻度と所要時間、行き先」などを細かく申告することが求められる場合もある。そのような行政の対応に対し、要求者組合の会議では「障害者を人間として見ていない」「ロボットか何かだと思っている」という批判の声が上がっていた。

(18) ただ、両者には〝違い〟もあるという。日本社会臨床学会編［１９９６］によると、施設入所者は職員による弾圧を少しでも未然に防ぐような身の処し方を学び、受身的になっていく。一方で、自立生活で必要となるような知識や経験は与えられない。

　三井絹子は20歳になるまで親元で育ち、特に母親の愛情を受けた。そのため、健常者に対して恐怖心を抱いたことは一度もないという（筆者の考えだが、かたつむりが障害者／健常者を過度に意識せず、ともに交じり合って活動しているのは、絹子のそのような性格によるところが大きいのではないだろうか）。それは幼いころから施設や養護学校で育ち、以上のような環境に置かれることが長かった木村英子とは対照的な点だと、絹子やその介護者たちは語る。

(19) もちろん、それらは両立するものである。

(20)「２０２０・12・1国土交通委員会質疑『車いす専用駐車場のバリアについて』」木村英子ＨＰ、２０２０年12月２日、https://eiko-kimura.jp/2020/12/02/activity/1437/　２０２１年１月11日閲覧。

(21) 彼女らは、「命の選別」を支持する者も、いずれは自分自身が死に追いやられる側になるということを指摘する。

(22) 障害当事者が中心となって運営する組織で、「介助サービス」「自立支援プログラム」「ピア・カウンセリング」などを提供する。その方法論はアメリカから輸入された。

(23) かたつむりの会議では介助者も一緒になって話し合うが、彼女らによると、障害当事者の主体性を強調するCILでは介護者が部屋の外で待っているのだという。また、CILでは「介助」「介助者」の語を用いるが、「介護」「介護者」の語を用いるかたつむりからするとそこに関係性の弱さが見える。CILのような関係性では、介護制度が廃止されるなど何らかの理由で金銭の供給が途切れた場合に、命や生活を顧みずに介護者が離れていってしまう可能性があると彼女らは指摘する。かたつむりでは貨幣を媒介とする関係に先立って「義理と人情」の関係があり、仮にそのような介護制度の改変があるとすれば、ともに闘う関係が築かれている。

(24) 実際に、かたつむりはその活動方針をめぐって数度の分裂を経験している。ただし、それは必ずしも人間関係や交際の決裂を意味するものではない。

第４章　重度障害と議員活動
――木村英子参議院議員インタビュー

本章は２０２０年12月１日に行った、木村英子参議院議員へのインタビューを基にしたものである。出版するにあたり、学士論文の内容を加筆修正した。また、筆者はインタビューに先立って参議院内で国土交通委員会を傍聴し、その活動の一端を見た。

傍線以下の太字が筆者の発言であり、地の文が木村英子議員の発言である。

【インタビュー】

（論文とインタビューの趣旨を説明した。）

日本の障害者運動を切り開いてきた新田勲さんと三井絹子さんが、施設での非人間的な扱いに抗議し、府中療育センター闘争（1971年）を始めたころ、私はまだ6歳で人体実験のような手術を施設の中でされていました。年齢や状況は違えど、健常者なら当たり前に誰もが保障される人権を奪われている境遇は同じで、世の中はあまりにも差別的でした。その後、施設を出た新田さんと絹子さんが地域で生きるために闘っている最中、私は19歳で二人に出会いました。

施設と養護学校という地域とは隔絶された環境で育った何も知らない私は、社会の中で生きるための知識や差別との闘い方を、実際に差別に直面しながら、二人から身をもって教えられました。当時の私は、行政との交渉に連れていかれるたびに、激しい口論や座り込みまでするほどの抵抗を目の当たりにして怯えていました。私が地域へ出て叶えたかった夢は「ただ普通の女性のように当たり前に生きていきたい」だけだったのに、闘わなくては自立生活ができないことに不安を感じると同時に、障害者運動をすることがとても嫌でした。

しかし、当時はまだ現在のように介護自体が労働として確立されていなかったので、街頭や大学でビラをまいてボランティアを集める生活には限界がありました。ボランティアが見つからず家に入れなくて外の車いす用電話ボックスで一夜を過ごしたこともありました。そんな過酷な状況の中で、先人である新田さんや絹子さんに教えられたこと、それは「生きること、生活すること自体が運動」であるということでした。私が運動から逃げれば逃げるほど差別は容赦なく押し寄せてきて生活は苦しくなっていくばかりで、もはや闘わなくては生きていけない現実に翻弄されながらも立ち向かっていくしか道はありませんでした。そして今もなお終わることのない障害者運動ですが、重度障害者が地域で生きるために絶対に必要なのは介護保障です。新田さんや絹子さんたちは東京都に対して重度障害者の権利を訴え、重度障害者の最初の介護保障制度である「重度脳性麻痺者介護人派遣事業」を作らせた先駆者であり、施設収容が当たり前だった時代に重度障害者が地域で生きるための保障を作る大きな一歩となりました。この制度は時代とともに変遷を繰り返し現在の重度訪問介護の制度として引き継がれています。しかし障害者運動から始まった介護制度ですが、48年が経って障害者差別解消法が施行された現在においても、社会で生きるための当たり前の権利である就学、就労、余暇活動、政治活動などが保障されていない制度になっているため介護の必要な障害者の社会参加は閉ざされたままです。

私が運動なくしては地域で生き続けることはできないという現実に向き合う覚悟をつけるのに、36年もかかりました。そんな時に山本太郎さんに出会い政治の世界にいざなわれたのです。50歳を過ぎてこんなにも人生が大きく変わるとは思ってもいませんでしたが、私の恩師である新田さんと絹子さんをはじめ多くの先人たちの命がけの運動がなければ、私という国会議員は生まれてこなかったと言っても過言ではありません。そして２０１９年７月、私の国会議員としての第二ラウンドの人生が始まったのです。

――先程、自立生活を始めたころの木村さんが特集された雑誌記事を読ませていただきました。施設から「家出」して自立生活を始めた経緯について、自動車学校に入って「外出の自由」を知ったことがきっかけだったのですか。

小さいころから施設にいて、虐待や非人間的な扱いを受けてきましたから、一生施設にいるということが嫌でした。養護学校を卒業して、その後の進路で施設に入ってしまったら、もう一生出られないことはわかっていました。この機会を逃すと地域へ出るチャンスがなくなるので、どうやって逃げようかと考えていました。

養護学校の「進路指導」では本人の希望は通らず、障害の重さで「実習」に行く施設が決まります。受け入れるかどうかは施設側が決定します。私もいくつかの施設に「実習」に行かされました。「進路先を決めなければ卒業させない」と担任に言われていたので、必死で探し新座にある自動車教習所に入りました。

そこは障害のある人が車の免許を取れる数少ない場所で、色んな障害に対応した車や泊まるための宿舎もありました。重度障害で免許が取れないことはわかっていましたが、施設から逃げるためにはこれしか方法がありませんでした。でも、そこには長くはいられず、家に帰ると施設しか行き場がないので、私が高校生の時に出会った新聞記事の切り抜きを頼りに、国立市の重度障害者で自立生活をしていた三井絹子さんのところに飛び込みました。

その頃のかたつむりは駆け込み寺みたいな感じで、全国から自立生活を始めたい障害者が集まっていて、私が利用するには1年半ほど待たなければならない状況でした。絹子さんは「いまを逃したら英子は自立できない」ということをわかっていたので、自分の家に居候させてくれました。

居候させてくれた8か月の間に、絹子さんは一緒に生活しながら、私に自立の練習をさせてくれました。介護をしてくれるボランティア探しのビラまきや、生活の仕方、外に出ることに慣れること、人とのコミュニケーションの仕方など様々なことを教えてくれました。その中でも、施設にあずけられ家族と離れて生活してきた私にとって、重度の障害をもっていながらも結婚して子どもを育てている絹子さんの姿に感動し、憧れを抱きました。また、絹子さんはお正月に着物を着せてくれて、初詣にも一緒に連れて行ってくれました。私は家族と離されて生きてきたので絹子さんの家族の温かさを知り、自立生活をしたいという思いがますます強くなっていきました。

社会のことを全く知らない私にはわからないことばかりで、すべてがバリアで困難を極めました。重度障害者が地域で自立生活をするとき、住宅の確保、交通機関、就労などすべてにおいて社会の中で生きる保障がほとんどありません。生活保護を受けるしか食べていくことはできない状況でした。また、重度障害者にとって家探しは困難で、見つかるまでに1年以上かかると言われていましたので、生活保護を受けることのできる20歳で自立をしようと考えていました。ですから、19歳の1月から家探しを始めましたが、思ったよりも早く20歳になる前に家は見つかりました。しかし20歳前に家を借りてしまうと、まだ未成年だった私を居候させてくれた絹子さんが「誘拐」になってしまう可能性がありました。絹子さんは私に「親を訴える覚悟があるか。その覚悟がないと自立はできない」と言いました。私は施設に戻される恐怖と地域で自立できるかという不安でかなり悩みましたが、一生閉じ込められ施設で死ぬくらいなら自立して失敗しても好きなことをやって生きていきたいと思い、覚悟を決め、私は自立することを決断しました。そして、親に「今まで育ててくれてありがとうございました。私は一人暮らしをします」という手紙を書きました。親はびっくりして、すぐに飛んできて絹子さんの家で話し合いがされました。

親は「そんなことは認められない」と言っていましたが、重い障害をもっている絹子さんと娘さんのやりとりを見て感動し、「この人たちのもとでなら預けても大丈夫」だと思い、「今から お前を勘当する。頑張りなさい」と私に言って、最終的には絹子さんに「よろしくお願いします」と言って帰っていきました。自分で見つけた家に帰った途端、実家に連れ戻されるのではないかという恐怖で張りつめていた緊張が解け、そして自立が認められて嬉しくて泣いてしまいました。

19歳の２月、寒くてお金も何もない中で、絹子さんから二組分の食器と布団、お米と乾麺をもらい、裸電球が灯る自分で探した家から自立生活をスタートさせました。

――木村さんと舩後さんが議員になり、障害者政策の改善は速くなったとお考えですか。

大きく法を改正することはなかなか難しいですが、運用基準を変えたり、法案の付帯決議に自分の意見を付け加えることにとても意義深さを感じました。新型コロナについてと重度訪問介護については重度障害者の現状を踏まえた複数の通知を出してもらうことができました。議員になる前にも1年に何度か省庁と交渉する機会を持っていましたが、話を聞くだけで何もしてくれない状況でした。それが国会議員になってからは、省庁の人たちと対等に意見を交わしあうことができ、また課長や課長補佐クラスの人たちが出てきて、実際に制度や法律を変えることに携われることにやりがいを感じています。ただ、障害者のことをわからない人たちばかりなので重度障害者の置かれている厳しい状況を一から伝え、改善していくことが私の役割だと思い、奮闘しています。

――山本太郎さんから実は参院選の前から立候補の打診があったと伺いました。

２０１９年の参議院議員選挙より前の衆院選のときから声をかけられていました。でも、年々障害が重くなってきて体調も悪く、気持ちの上ではやっと施設から出て地域での生活に慣れてきたところなのに障害者運動から政治活動に運命が変わっていくことにとても不安を感じて、抵抗感がありました。しかし、その時はチャンスがなく衆院選での出馬はなくなりました。そもそも人前に出るのが苦手だったのでホッとしました（笑）。

しかし、私が２０１９年に入院していたときに、太郎さんが「れいわ新選組」を立ち上げたというニュースを知って、すごく嫌な予感がしました。

その予感は的中し、太郎さんが私のところへ来ました。私は体調を崩しており体力にも自信がなかったので断る予定だったのですが、三井絹子さんから「障害者、特に重度の障害者の誰かが国会に行かないと障害者の現状は変わらない。国会議員にしか法律自体を変えられない、あなたが行くしかないのよ」と言われて出馬する覚悟を決めました。私自身も「全国公的介護保障要求者組合」や「全都在宅障害者の保障を考える会」などで国や都と交渉する機会があったので、障害者運動だけでは現状が変わらないことに気づいていました。介護保障がどんどん狭められていって、全国各地からたくさん相談も来ていました。そのような状況を変えていくためには、当事者が国会に入るしかない、太郎さんとなら一緒に社会を変えていけると思い、出馬を決意しました。

――当選されてすぐに、重度訪問介護をめぐって登院するかしないかが問題となりました。制度自体が改正されるまでは登院しないつもりだったように見えたのですが、どのタイミングで登院を決めたのですか。

前日の夜に決めました。私が国会議員になることを決意した理由は、重度障害者の厳しい現状を変えていきたい、その一言に尽きます。自分自身の生活もそうですが多くの障害者の逼迫した現状を変えるには、重度訪問介護の制度が健常者と同じ権利が保障される制度として生まれ変わらなければ、地域で生き続けていくことはできないと痛感しているからです。しかし登院問題については、就労がクローズアップされて報道されていましたが、そもそも重度訪問介護の制度は、就労に限らず、就学や選挙活動を含む政治活動、宗教活動、習い事などを含めた余暇活動など誰もが保障されている当たり前の権利が認められていないのが現状です。

たとえば、私が選挙に出るとき、多摩市に重度訪問介護を選挙活動に使えるのか問い合わせました。前例がなかったので後日話し合うことになり、その結果、多摩市は重度訪問介護を使っての選挙活動を認めました。しかし、「当選した場合には、経済活動中の介護は認められていないので、重度訪問介護を止めなければなりません」と言われました。注目を浴びた登院問題以前に、私の場合は選挙活動のときから行政と闘わなければなりませんでした。

登院当日、国会議事堂の門前まで行って支援者に報告する予定でした。実際に国会議事堂の前まで行こうとしたら、報道陣に囲まれて、勝手にイヤホンとマイクをつけられて「木村さん、登院するんですかしないんですか！」って声が聞こえてきました。何も聞かされない間にテレビの生放送と繋がっていたんです。私は「門の前に行くまで答えられません」と言いました。

今回、私が登院するかどうかが報道されたことによって初めて、就労・就学という、健常者なら当たり前に保障されている権利が重度障害者には認められていないことが、世の中に知られることになったことは意味があったと思っています。

この様に、私の現状を赤裸々にしていくことで、生きていく上で当たり前の権利や環境が、障害者には保障されていない現実を世の中の人に知ってもらい、重度訪問介護を変えることによって、この現状を改善していきたいと思っています。重度訪問介護を使って就労や就学、余暇活動も認められれば、多くの障害者が社会参加できるようになり、それぞれの能力や存在価値が発揮できる社会を実現できると思いますし、そうなっていない現状はこの国にとってとても大きな損失だと私は思います。

制度を変えていくには、やはり議員として政治に参加しなければならないと思い、登院を決めました。障害者全般の就労は認められていないのに、国会議員である私には参議院が介護費用を出すと、ほかの障害者の就労については改善されず私だけが特例になってしまう。それは不平等であり私自身が差別を生み出してしまうことになる、それはとても耐えられないし、それを変えるために議員になったので、登院しないということで放棄したくはありませんでした。

——議員活動の中での他の政治家との関係はいかがですか。

正直言って、孤立感はあります。その感覚がどこから来るかといえば、やはり幼いころから分けられてきたことが原因だと思います。子どもたちが最初に出会う社会は、近所の子どもと遊んだり、一緒に学校に行くことから始まりますが、その最初の出会いから私も含め、障害者と健常者は違う世界で生きている人が多いです。ですから、私が初めて同世代の健常者の人たちと出会ったのは、地域で自立生活を始めた19歳からなのです。私は多くの介護者の人たちに支えられて生きていますが、初めて出会ったとき必ず「障害者の存在は全く知らなかったし、こんな風に普通に話せたり付き合うことができるんだ」と驚かれます。国会議員になって周りから感じることは、まさに出会ったことのない存在にどう付き合ったらよいのかという戸惑いです。それが私に孤立感や疎外感を覚えさせる現実です。あからさまに差別してくることはありませんが、私のことを気遣ってかけられた言葉が差別的な言葉だったりすることがあります。たとえば、私を通り越して介護者に対して「介護していて大変ですね」という言葉をかけたりする人がいますが、それは障害者を「大変な存在」と位置づけてしまう言葉であり、無意識とはいえとても傷つきます。

こうした分けられてきたことの弊害は、私にとって議員として取り組んでいく大きな課題です。今後、議員の方々との関係性を深め、障害者と健常者が分けられることなく、共に生きていけるような社会を目指して取り組んでいきたいと思っています。

——舩後さんは文教科学委員会ですが、党内でそのような役割分担はされていますか。また、議員活動に関してフリーハンドな印象を受けますが、党からのサポートや拘束はどのくらいありますか。

そうですね。お互いに取り上げてほしい問題があるときにはコミュニケーションを取り合っています。ただ、基本は別々に取り組んでいます。

党からの拘束はほとんどないです。太郎さんは多様性を大切にしていますので、あまり細かいことに口をはさんだりしてくる方ではありません。議員本人の裁量が大きいです。

――大西恒樹さんの「命の選別」発言に抗議されました。それはどのような思いによるものだったのでしょうか。また、そのとき党内で摩擦はありましたか。

あの発言は政治が命を選別しなくてはいけないという内容だったかと思います。医療関係者が切羽詰まった状況で判断せざるを得ないことはあるかもしれませんが、少なくともそれを政治家が決めることではないと思います。コロナでそういったことが現実的になってきていますが、到底許されることではないと思います。少なくとも法を参照して機械的に決めるようなことではありません。

もちろん多少の摩擦はありました。しかし、自分が選別される側だと引き付けて考えると当然みんな命の選別には反対になります。れいわ新選組は弱者の側に立つ政党なので、そこは絶対に譲れないと思います。

――本日は国土交通委員会を傍聴させていただきました。委員会ではどのような合理的配慮が認められていますか。

水を飲む時間は速記を止めてカウントしないとか、パソコンの使用や介護者の付き添いが認められています。これらの合理的配慮については、議員になったときに理事会に希望する配慮を示して、それを認めてもらいました。

――最後の質問です。議員活動のなかで、やはり重度訪問介護が大きな課題だと思いますが、残りの任期、他にはどのような課題に取り組んでいこうと思っていらっしゃいますか。

たくさん課題はありますが、私の6年の任期ではとても解決できません。まずはやはり障害者の国会議員を増やしていきたいと思います。私は身体障害者なので、ほかの障害者の実情はわかりません。それぞれの障害をもった方が政治に参加することで、一人一人が望む生活を実現できる社会をつくっていけると思います。

そして議員になった大きな目的である重度訪問介護制度が、社会のあらゆる場面で介護が必要な人が生きやすい制度になるよう改善に取り組んでいきたいと思っています。現状は、介護してくれる人がいない場合、重度障害者は施設に入るしか行き場がありません。介護なしには生きていけない重度の人に対する制度は、ほとんど手つかずなままです。社会には自分のことができない人、または働けない人は「自立できない」という暗黙の認識があります。しかし権利条約にあるように、障害は本人のせいではなく、社会の側が環境を整える責任があるという考え方に国際的には変わってきています。私にとって、介護者は社会の中で自分の存在意義を見出すための欠かすことのできないパートナーです。また、介護者が生活のあらゆる場面においていてくれなければ、私は命を保っていけません。なので、私が議員になって取り組まなければならないことは「障害者が地域で当たり前に生きるための介護保障の実現」だと思っています。それが障害者と健常者を分けない社会をつくることにも繋がると思っています。

そのためには、障害者と健常者が共に生き、共に学ぶインクルーシブ教育が最も大切だと思っています。健常児と一緒に学べる、分けない学校です。幼いころに「分ける」というのが、障害者は自分とは違う人間だという意識をつくりだしてしまっている大きな原因だと思います。一緒のクラスで日ごろから一緒に学んだり遊んだりすることが重要です。いまもインクルーシブ教育をやっていると国は言っていますが、普段は特別支援学校や特別支援学級にいる障害児と、年に数回触れ合う程度です。時々会うだけだとお客さんになってしまいます。子ども同士が遊んだり喧嘩したり本音を言えたり支えあったりできる関係を作るには、毎日の人間関係がとても必要不可欠だと私は思います。日常的に一緒にいることによって、障害者が地域で生活するときにも、自然と周りに支えてくれる友人や仲間ができるようになると思います。そうすれば、施設ではなくて地域で生きていけるようになるのではないでしょうか。そのような社会を目指して、今後も活動していきたいと思っています。

――本日はお忙しい中、貴重なお話をありがとうございました。

第5章　議会参加と障害社会科学
――堀利和　元参議院議員インタビュー

本章は２０２０年11月11日に行った、堀利和元参議院議員へのインタビューを基にしたものである。出版するにあたり、学士論文の内容を加筆修正した。

堀利和元議員の簡単なプロフィールは以下の通り。

・強度の弱視で、白杖を持って暮らす。
・86年参院選に日本社会党から出馬し落選。
・89年参院選で当選。元タレントで車いすの八代英太に次ぎ、戦後二人目の障害がある国会議員に。95年参院選で落選。
・98年参院選で民主党から当選。

・通算2期12年間参議院議員を務め、２００４年参院選に出馬せず引退。
・その後、ＮＰＯ法人「共同連」の代表を務め、インタビュー当時は顧問。季刊『福祉労働』編集長。

傍線以下の太字が筆者の発言であり、地の文が堀利和元議員の発言である。

【インタビュー】

〈障害者の議会参加について何が〈障害〉となっているか、例えば選挙制度や政党組織が〈障害〉となっているのではないかという問題意識を事前に説明していた。〉

まずは、私がざっと話します。障害者はいま全国に約６００万人いますが、一人二人が国会議員になるのがやっとです。障害者の事情から話すと、当事者や親の団体で、大きな全国組織のところは自民党系が多いです。そしてそれ以外は、私のような草の根的なＮＰＯ法人です。大きな自民党系の団体が固まれば一人や二人通るくらいの組織力はありますが、自民党は基本的に障害者を候補者に立てません。八代英太[(注1)]さんは、最初は無所属だったタレント議員です。

俗にいう地盤・看板・カバンや、社会的な大きな力がある人しか当選できません。

——乙武洋匡(注2)さんも同じような感じですね。

そうですね。もっと言えば、公明党も支持母体である創価学会の幹部がほとんどなので、障害者を選挙に出しません。

——なりたい人というよりも、出したい人を出すと言いますね。

そうですね。そして共産党も同じように組織票を持っていますが、障害者を陳情の相手と見ていて、国会議員になり得る存在とは見ていません。つまり、自民党・公明党・共産党が障害者を国政選挙に出すというのはないわけです。

また先ほど言ったように、大きな障害者団体はだんだんと与党に寄っていくものです。そのように、政党の事情と大きな当事者団体の事情が重なっていて、障害者が立候補することすらほとんど皆無に等しいという現状があります。

私の立場や経験からいうと、１９７７年に車いすの八代英太さんが無所属で参議院議員になり、84年には自民党に入りましたが、これは異例です。私自身は70～80年代にずっと障害者の草の根運動をやっていて、知名度も組織もお金もありませんでした。そして、草の根運動をしているときに、社会党の支持母体であった総評が国際障害者年（81年）にあわせて障害者と労働者の連絡会議をつくりました。私が代表を務めていた「視覚障害者労働問題協議会」などの三つの障害者団体から成る連絡会議です。そこに参加して、障害者運動を総評と一緒にやっていく中で、社会党の幹部の人たちとも顔見知りになりました。

そのなかで、私のいないところで障害者を議員として出そうという話が出て、誰を出すかという時に「お前が出ろよ」って感じで偶然私の名前が挙がりました。私自身は政治家になることなど全く考えていませんでしたが、そのような経緯で86年に参議院の比例に出ました。その目的は、障害当事者を陳情の対象から政策決定の場へというものでした。比例選挙なので本来はポスターなどいらないのですが、それをあえて「自分で発言」というキャッチコピーのポスターを作りました。

もともと「落ちるよ」と言われて出たのですが、その通りになって落選しました。そして、89年に社会党が大勝したときに参議院議員になりました。

元タレントで知名度があり自民党に入った八代さんと、草の根運動から総評・社会党とつながって議員になった私。あるいは、車いすの八代さんと、視覚障害者の私。そのような属性を持った二人の国会議員が89年からは存在していました。なので、議員立法をするときには与党からは八代さんが、野党からは私が出て、障害者関係の政策を色々と進めました。

例えば障害者基本法の改正ですが、１９７０年に議員立法として制定された心身障害者対策基本法を93年に障害者基本法として大改正しました。与党からは八代英太さん、野党からは私が代表として担当して、それで改正したのです。私にとってはもちろん初めての立法作業でした。八代さんから初めに聞かされた法律の題名は、「障害者対策基本法」でした。しかし、「対策」は障害者を対象としてみているし、何よりも「公害対策」のような迷惑なものに対する対症療法みたいなもので、「対策」には同意できないと私は主張しました。その結果、「障害者基本法」となったのです。

そのような中で、90年頃から障害者ももっと議員になるべきだというのを私なりの一つの政治課題・運動としてはじめました。その頃は私と八代さんが国会にいましたが、実は障害者手帳を持っている人は他にもいました。内部障害や足が不自由といったことで手帳を持っているという意味では障害のある議員がいたのですが、いわゆる「障害者」の国会議員というのは私と八代さんくらいで、地方議員にも私が知る限りで２～４名くらいしかいませんでした。

――いまは40人くらいの「障害者議員」がいると聞きます。

そのころと比べると、いまは増えましたね。90年代初めごろから私が障害者の政治参加を掲げて全国をまわり、統一地方選を含めて「議員を出そうよ、なろうよ」と呼びかけました。それを書いたのが『生きざま政治のネットワーク』です。それが70～80年代の障害者や政党の事情です。この95年の統一地方選に向けて、投票所のバリアフリーを訴え、投票に行こうと呼びかけました。それを主に札幌で障害者団体と一緒にやりました。

そして私自身が悩んだのが、「障害者の代表」としての参議院議員だったということです。しかし、政治家・議員である以上は、障害以外の政治の問題も当然考えます。それが非常に悩ましかったのです。

社会党の村山富市さんが自社さ政権で首相になりましたが、私はそれに反対でした。自民党は政権に戻りたいばかりに社会党を利用したのです。しかも、村山さんは社会党の中でもどちらかというと左寄りで、自民党がそれを推したというものでした。自民党の魂胆が見え見えで、首相の指名投票のときに私は白票を入れたんです。

――「造反」じゃないですか。

私は比例当選だったので不利になることはわかっていました。それでも私は認められなくて、白票にして「村山」と書かなかった。すると、社会党支持者を含めた障害者が私の部屋にまで来て「何と言うことだお前は！」と糾弾されました。「あんたは障害者の代表なんで政治に口出すな！」って言われたんです。

障害者政策を中心にやるけど、政治や政局には口を出さず考えもしないということには、当然ならないわけです。そこのバランスが難しく悩ましいという経験がありました。障害者の代表の議員なのか、一人の政治家なのかという、「障害者議員」ならではの苦悩だと思います。

――政治学でいうところの「命令委任」と「信託」の問題だと思います。障害者の「代表」と言っても、障害者議員だけ全く自由裁量が認められないというわけにはいかないですよね。

まさにそこが問題なんですよね。

つぎに、90年代に障害者の議員を増やそうとしていた頃には、何となく政治家は汚いというイメージが国民の中に特に強くありました。そのなかで障害者が地方議会選挙などに出るのは新鮮で、クリーンに見えたわけです。そのように、90年代には障害者が議員になることに対して、非常に前向きな受け止め方がありました。

もちろん今でも議員の数自体は少ないですが、ここ20~30年くらいで「障害をもっている人が議員になるのは当たり前だ」という国民の共通認識は出来てきているのではないでしょうか。昔のような新鮮さはありませんが、それは良いことでもあると思います。90年代からの30年を振り返ると、そのような感じです。

そして、人口比で見て圧倒的に議員の数が少ないということは、基本的な問題は女性の場合と同じだと考えています。日本は女性の議員も少ないですが、その背景には、欧米のようには社会進出が果たされていないことがあります。女性の社会的地位が高ければそれが政治にも反映されるはずです。２０１９年12月に世界経済フォーラムが発表した「ジェンダー・ギャップ指数」（Global Gender Index）では、日本は１５３か国中１２１番目という低さでした（政治分野に限ると１４４位）。会社の役員や政治団体のトップが男性ばかりであることとほとんど同じで、障害者がそれらを務めることはあまりありません。現状では、障害者の社会進出の度合いや社会的地位がまだまだ低いのです。そのような社会的ハンディが反映されて、障害のある政治家が少ないと私は見ています。

――たしかに政治家に限らず、社会的に重要なポジションはほとんど健常者の男性によって占められていますね。

それとあわせて、もう一つ大きな課題があります。選挙制度の問題です。衆議院の小選挙区では、政党の中で大きな役割を占める業界や団体からでないと、小さい障害者団体からでは選挙に出ることすら叶いません。地盤・看板・カバンがないのです。なので、障害者が小選挙区制で立候補するということはほとんど皆無となっています。

私は参議院議員選挙の拘束名簿方式で名簿上位に入れてもらって当選しましたが、２００１年に非拘束名簿方式に選挙制度が変わりました。これは事実上、以前の全国区の制度とほぼ同じです。私たちのような草の根運動では自力で票が取れません。私が２００４年の選挙に出馬せず引退した理由には、選挙制度が変わって自分で票を取らなければならなくなり、当選は不可能かなと思ったからです。もう一つは、２期12年議員を務め、ある程度のことをやったなと思ったからです。この二つの理由で選挙に出ませんでした。

２００７年参院選に私の仲間でもある車いすの障害者が民主党から比例で出ましたが、1万９千票余りしか取れず、35人中35番目で落選してしまいました。２０１９年の参院選でも筆談ホステスの斉藤里恵さんが、立憲民主党から比例で立候補しました。しかし、知名度があっても2万3千票余りしか取れませんでした。それが選挙制度の壁です。国会議員に限って言えば、いまの選挙制度で議員になるというのは非常に難しいです。

19年参院選では、立憲民主党はもともと障害者を出すことを前提にしていて、斉藤里恵さんを擁立することになりました。選挙というのは当選が目的です。なので実は、その際に私は党執行部と厳しいやり取りをしました。しかし結局、執行部三役の意見を一本化させることができず、最終的には不利な比例区から出馬することになってしまいました。そのような経緯がありました。

――やはり選挙制度が大きな壁となっているのですね。

そして、障害者が国会議員になったときに最初に問題になるのは、バリアフリーです。八代さんが当選した時、車いすでも当然のように移動できるように参議院議員会館などにエレベーターを設置するといった物理的なバリアフリーが進められました。

私の場合には、議員会館の前の歩道には点字ブロックが敷かれていましたが、敷地に一歩入るとブロックはありませんでした。それでは困るので、敷地の玄関から建物の玄関、エレベーター、2階の部屋まで急ごしらえで点字ブロックが敷かれました。そのことから明らかなように、建て替え前の古い参議院議員会館はハード面で健常者用の建物だったのです。

――その点字ブロックが敷かれたのは、堀さんの動線だけですか。

動線だけでした。議員の部屋ごとの「〇号室」という札も私が当選してから、点字シールを張りつけていました。そして私が議員を辞めたら、点字ブロックがはがされていました。

――本当に対症療法みたいな感じですね。

そうですね。八代さんと私を障害の特性について比較すると、八代さんは会議室に来るまでは車いすでハンディがありますが、私は机までは普通に歩いて行けます。ところが勉強会が始まると、座っているので八代さんは健常者になります。私は座るまでは健常者みたいですが、勉強会で資料が読めないのです。例えば、官僚が法案を説明する1時間の勉強会の場合だと、最初に官僚から20~30分説明があります。他の議員は資料を読みながら、分からないところがあればすぐに質問して理解します。しかし、私はそれを聞くだけでは理解できません。他の人の質問ややり取りを聞いて、45~50分経った時にやっとある程度飲み込んで、質問や意見が言えるようになります。そこが視覚障害者のハンディで、障害の特性です。まだ聴覚障害者の国会議員はいませんが、障害ごとに対処するしかないでしょう。

また、委員会には秘書も入れますが、神聖とされる本会議場には議員本人と参議院の限られた事務方しか入れません。なので、入口までは秘書が手引きし、そこからは衛視の手引きで自分の議席まで行きました。私は立つことができるので起立採決は問題ありませんが、文字を書いたり読んだりするときに困難があります。後になって失敗したと感じたのは、首班指名などで文字を書く必要がある際は衛視に代筆してもらうことにしたことです。議事の流れが分かるようになってから、投票用紙に点字を書くような形をとればよいと思っていました。しかし、国会というのは保守的で、いったん決まったものは簡単に変えられません。私は「点字で投票させろ」とずっと言いましたが、結局1期目の6年間できませんでした。2期目になって「さすがにもう許せない」と言って、ようやくセロテープのようなもので点字を張りつけることが認められて、それで投票しました。

その他には例えば、私も選挙応援して福岡県八女市の市議会議員に当選した山下恭平さんは、市議会で初の車いす議員でした。八代さんの場合には有名だったので起立採決の時に最初から挙手でよかったのですが、山下さんの場合には本人も議会も勝手が分からない状態でした。なので、いざ起立採決をするという時になって、初めて起立できないという事に気がついたそうです。それでその場でどうするんだってなって、次からは起立の代わりに挙手をするということになりました。そのようにハプニングが起こることがよくあります。要するに、障害者を想定していない議会運営が行われているのです。むしろ世間の方が、合理的配慮が進んでいて、議会の方が遅れているということも結構あります。そのような感じで、障害の特性によって問題となることも異なるということがあります。

現状、地方議員では視覚障害、車いす、聴覚障害の議員もいます。しかし、知的障害はまだ難しい状況です。精神障害の人も地方議員には確か２～３人いますが、国会議員になるには未だに大きな壁があります。

――「障害者」と一括りにしてしまいがちですが、障害種別や、もっと言えば人によっても大きく異なるということですね。

そして、障害者の議会参加は欧米の方が進んでいて、人口比で障害者議員は多いです。また、韓国では与野党が慣例として障害者を比例名簿の上位にして、障害者を国会議員にしています。様々な事情があるにせよ、やはり日本はすこし遅れていると思います。

政治献金について私の事例でいうと、草の根運動出身で支援者にもお金がないので、12年間政治献金ゼロで活動しました。政治献金は一般的に多く集めるほど力があると言われ、多い人は一人で相当額を集めます。私はゼロだったので力がないと言えます。歳費や事務費を持ち出して政治活動をしていました。私の経験からざっと言えるのは、大体そんなところです。

――ありがとうございます。私からもたくさん伺いたいことがあります。まずは、89年に社会党から比例で当選されましたが、その時はいわゆる「土井ブーム」「マドンナ旋風」があったかと思います。やはりそのような「風」がないと、国政選挙で障害者が当選することは難しいですか。

そうですね、あの時はほかにも消費税や宇野首相の女性問題もありました。そのため、社会党から比例で20人も当選しました。そのような「風」がないと難しいです。

――98年に民主党から出られたときはいかがでしたか。

まず、95年の一期目の終わりの時にたしか9番目の名簿順位で落選しました。それで3年間浪人して過ごし、98年には民主党から参議院議員選挙に出ました。

裏話をいうと、比例名簿で党が私を当選圏内の順位に入れるとはとても思えず、落選しても意義があると思ったので、出身地である静岡県の選挙区から出ようとしました。しかし、静岡県連は他の人を候補者とすることをすでに決めていて、労働組合とも合意していました。私はそこに割り込んで選挙運動をしたのです。この時、立候補のための記者会見までしました。他の選挙区で党の公認候補者が次々に決まっていく中で、静岡県では二人が手を挙げて決まらない状態が続きました。そして期限ギリギリになって、党の幹部から「比例で出てくれ」と言われました。当然、最初は拒否しました。私にはお金がないし汚いこともできませんが、それはある意味駆け引きでした。ごねた方が有利です。本当にギリギリになって「わかりました」と言って、ある意味で恩を売ったのです。

結局、私は11番目の順位になり、党からは比例名簿で上から12人が当選しました。22万筆の推薦名簿を出した元野球選手が12番目の名簿順位だった一方で、推薦署名ゼロだった私の方が一つ上位の11番目でした。彼は不満を言っていましたが、そのような政治的駆け引きでもしなければ、とても当選できません。

やはり衆議院の小選挙区や参議院の都道府県選挙区には、政党は障害者を候補者として出しません。それを考えると、障害者が当選することは非常に難しいです。辛うじて勝てるのは比例ですが、私の時のように拘束名簿方式ならまだしも、今のように非拘束名簿方式だと自分で票を集めなければなりません。障害者は選挙制度を含めてかなり厳しい状況に置かれています。

――そのような意味で、れいわ新選組が活用した「特定枠」は拘束名簿とほとんど同じですね。

れいわ新選組が特定枠の1番2番に指定したので、今回二人が当選したのだと思います。山本太郎が票の多くを集めたので、特定枠でなくて個人票だったとすれば落選したのではないでしょうか。木村英子という名前も一般的にはほとんど知られていませんでした。そのような壁もありますね。

――堀さんが社会党から民主党へと移ったのは、支援者の意向によるものだったのですか。

いいえ、私自身で決めました。社会党から社民党に党名が変わったときに党が分裂して選択を迫られ、私は社民党を選びました。なので、浪人しているあいだは社民党本部にいました。しかし、現実の国際政治の中で非武装中立を貫くというのは理想的ではありますが、私はもっとリアリティのある外交を掲げるべきだと以前から思っていたので、その後私自身が選んで民主党に入っていきました。もちろん、憲法9条は必ず守りますが。

——障害者運動や団体からの後押しというよりは、かなり主体的に政治活動をされていたんですね。

私を推薦するような草の根の団体にはカネも組織も人数もありません。私の場合はレアケースです。

また、私は70年代から障害者運動・社会運動をしてきて、社会党のなかでは右派と位置づけられていました。そのことに関連して言えば、たとえばこんなこともありました。社民連の江田五月、菅直人衆議院議員たちと一緒に「シリウスの会」を創ったり、91年の衆議院選挙で初当選した議員たちが創った社会党内の「ニューウエーブの会」、そのキャップをしていた仙谷由人衆議院議員に「参議院からも私を入れてください」と言って、それでそのメンバーになりました。弁護士などの市民派グループでしたから。これに対してソ連派・北京派・社会主義協会派といった左派は組合運動を重視して障害者運動を取り込まなかったので、私にはなじみませんでした。

私は反ソ連でもありましたし、表から見た感じでは右派にいました。そのわけの一つは、こう言い換えることもできると思います。歴史には「たら」「れば」はありませんが、西洋の民主主義を経験しなかったという歴史的悲劇の産物であるとも思います。そして今や、社会主義というものが普遍的価値としての自由・人権までも踏みにじっていると思われるからです。ソ連や中国に住みたいと思いますか？　嫌ですね。それが現実です。

奇妙に聞こえるかもしれませんが、近代資本主義と現代社会主義の双方について論理学的に言えば、その論理はヘーゲル哲学の弁証法の正・反・合のアウフヘーベン（止揚）ということになりますが、この弁証法論理学を、森政弘は著書『仏教新論』のなかで、仏教を二元性一原論と説き、その上でアウフヘーベンについて「合一」と書いています。要するに、私は歴史的にみて資本主義も社会主義もアウフヘーベンされなければならないと考えているわけです。

——政党の中ではどのような役割を期待されていましたか。

党では青年副局長を務めました。会派では障害者政策のプロジェクトを当事者として中心になって進めました。

——他の候補者の応援もされましたか。

やりました。統一地方選などで「障害者を出そうよ、出ようよ」と全国で呼びかけたのもありますし、選挙区の議員や衆議院議員を全国各地で応援しました。国政選挙ではたとえば札幌から熊本へ、熊本から岩手県へという具合に一週間かけて応援に回ったこともあります。

――障害者議員のネットワークというのは、政党とは別でされていたのですか。

95年統一地方選の動きを引き継いでできた「障害者の政治参加ネットワーク」とは連絡は取っていましたが、浪人中だったので最初は深く関わっていませんでした。99年に14～15人の地方議員と「視覚障害者議員ネットワーク」をつくり、私が代表になりました。いまは解散してなくなりましたが、視覚障害者の現職議員は7～8人います。当時は党派に関わらず、視覚障害という共通項でつながっていました。しかし、実際は草の根運動の人たちが選挙に出るように呼びかけていたので、ほとんどが野党系でした。大きな組織からは出ないので、無所属保守はいましたが純粋に自民党の議員はいなかったです。

――この10年で日本は障害者権利条約に批准し、社会モデルの考え方も徐々に広がってきたかと思います。しかし、未だ議会参加にまでは及んでいないと考えていらっしゃいますか。

社会に実体がないのに政治家だけ増やすというのは、土台がないので不可能です。女性と同じで社会的地位が上がらないと難しいです。反対にいうと、障害者議員が少ないということは、それだけ社会進出が進んでいない証だと見ることもできます。外国と比べるとよくわかります。

――それを上から変えようとすると、韓国のようにするしかないということですね。

そうですね。そうやって政党が配慮する必要があります。

――大きな障害者団体が自民党寄りになるのは、やはり陳情を通すためでしょうか。それと、障害アイデンティティだけでは票が集まらないということでしょうか。

やはり陳情や予算を通してもらうためには野党に寄っても仕方ないので、大きい団体は本当にほとんど自民系です。

アイデンティティというよりも、政治的地位が低いということだと思います。また、障害者といっても一人の人間として支持政党や思想信条はバラバラです。属性だけでまとまらないのは女性でも同じだと思います。

――そもそも障害者が投票に行くこと自体が少ないのではないかと思うのですが、「べからず法」と言われるように公職選挙法の規制が厳しすぎるという面もありますか。(注3)

いや、表向きそれはないと思います。実態調査をどこもやっておらず、データが全くないので、障害者がどれだけ投票に行っているのかはっきりとは分かりません。ただ、予測するに、一般よりも投票率は低いのだとは思います。

――私も実態調査や先行研究が全然なくて困っています。非対称を解消するために、本来は政府が積極的に調査するべきことだとも思います。ところで、堀さんは参議院議員を務められましたが、障害があって首相や自治体の首長を務めることは難しいと考えますか。

結局は周りがどれだけ支えるか、支えられるかだと思います。明治時代には四国に全盲の村長がいたといいます。言い方は難しいですが政治的能力は必要で、それ以外のハンディがあるのを周りがどのように支えてくれるか、それが重要です。

ところで、私自身にはこんなこともありました。２０１８年の品川区長選に出てくれませんかと、野党共闘陣営から要請されたのです。私は即座に断りました。もう政治家になるつもりはなかったし、それまでに書いた私の本が与党に悪用されて非難でもされたら、皆さんに迷惑をかけてしまうと思ったからです。

――木村さんと舩後さんの話に戻ると、重度障害者の二人の当選を今までの障害者議員とは違った形で見られていますか。

木村英子さんは私のなかでまだ想定内でしたが、舩後さんは想定外でした。私自身、障害者の議員を増やそうとしてきましたが、舩後さんほど重度の方までは考えていませんでした。

――それはコミュニケーションの面ということでしょうか。

そうですね。移動、発声、コミュニケーションが困難というのは、怒られるかもしれませんが想定外でした。なので、二人が当選した時には国会議員として存在するだけで価値があるように思いました。

――二人も様々な問題に取り組まれていますが、草の根運動だけでは変わらない、議会に入らないと変わらないものがあるということですよね。

議会に入ることで、ルールから何からが健常者用につくられているということが可視化されます。二人が本会議や委員会で議員として活動すること自体でそれが変わっていくし、社会に広がるようなモデルケースとなり得ると思っています。

――堀さんご自身が議員になられて、草の根ではできなかったけどできたというようなことはありましたか。

まずは、一期目のことからお話しします。私も初めて当選した頃は、国会議員として存在するだけで価値があると自分で思っていました。草の根運動ではできなかったのは、新著にも書いていますが、職場介助者制度のことです。

私が議員になったときには、障害者雇用促進法の中に3年間だけ利用できる職場介助者制度がありました。その考え方を私の国会での活動に適用することを要求しました。それは認められませんでしたが、委員会でこの制度を取り上げて、とりあえず3年間という期限をイギリスのように無制限にするよう求めました。しかし、障害者の平均的な雇用が9年であることを踏まえて10年に延ばすと大蔵省が言って、結局そうなりました。いまだに10年のままで、何で10年なんだというのもありますが、最初にとりあえず期間を延ばすことができました。

次に取り組んだのは、障害者がキャリア試験を受験できるようにすることでした。もともと75年から公務員に視覚障害者を採用するように運動をしていて、東京都に認めさせた経験がありました。しかし、私が議員になった当時も国のキャリア試験1種・2種は視覚障害者の受験を想定していませんでした。私たちがそのことを訴えて、91年にやっと1種試験の点字受験が実施されました。これはそれなりの成果だったと思います。

そのときにこんなエピソードがありました。「労働省が所管する障害者雇用促進法が民間企業に雇用義務を課していながら、国のほうが視覚障害者を雇わないのはおかしいのではないか」と、当時の塚原労働大臣に対して迫りました。すると、大臣が人事院の職員課長に向かって「何とかならんのか」と言ったのです。答弁席の側で、このようなことを言うのは異例です。

――木村英子議員の場合も、国土交通委員会で大臣が協力する姿勢を見せて、物事が一気に動き出したようです。「大臣の一声」が重要なのですね。

あとは3年目に社労委員会から運輸委員会に移り、国際障害者年で掲げられた「完全参加と平等」やノーマライゼーションに取り組みました。２０００年にやっと成立した交通バリアフリー法をつくることには特に力を入れましたが、実は93年に私が委員会の理事も務めて役人とやり取りする中で、運輸省は交通バリアフリー法をつくることに一度腹を括ったのです。運輸省の役人が部屋に来て、「運輸省としても法制定を決めました」と。しかしそれから一週間ほどたって、その同じ役人が「JR本社が絶対反対ということなので、この話はなかったことにしてください」と言うのです。それはとても無念でした。そのため、その時には交通バリアフリー法を成立させることができませんでした。それがなければ、94年くらいにはできていたかもしれません。

また、厚生省のなかで障害者政策を担う部署が身体・知的・精神の三局三課に分かれていたことを予算委員会で取り上げて、新たに障害保健福祉局をつくることを提案しました。当時は行革の真っ只中で、紆余曲折あって異例ではありましたが、大臣官房に「障害保健福祉部」という一元的な組織がつくられました。その実現のために私もかなり動きました。

もう一つは、高齢者のゴールドプラン、子どものエンゼルプランが当時あったので、障害者も同様に数値目標つきのものをつくろうと、勝手に「ノーマライゼーションプラン」と名づけて提案しました。数値目標を入れてつくれと、予算委員会で厚生大臣・労働大臣・建設大臣・

運輸大臣に迫ったのです。その後自社さ政権のときに、1期目を終えてノンバッジとなっていた私をプロジェクトに入れてくれて、数値目標入りの「障害者プラン」ができました。
名称が私の提案した「ノーマライゼーションプラン」ではなく「障害者プラン」になったのは、当時の総理府の世論調査で「ノーマライゼーション」を聞いたことがあると答えたのが25％に過ぎなかったからです。そのため、シンプルに「障害者プラン」にすると決まりました。そのとき同時に、介護保険法の原案もつくりました。そういったものが私なりの成果かなと思っています。

――2期目ではどのようなことがありましたか。

大きな成果を一つ挙げるとすれば、参議院の環境委員長になったことです。目が悪いから委員長はできないとされていましたが、国対委員長から「やってみないか」と声を掛けられてやることにしたのです。
参議院部事務局の全面的な支えがありました。もちろん委員長の手元の資料は全部点字で、委員長席の右斜め後ろに事務局の方が座り、「全員賛成です」「賛成多数です」などと私に耳打ちをするのです。議員の挙手が見えないからなのですが、裏話をすると、そのことは予めわかっていて、私の手元の資料にはすでに「全員賛成」と書いてあります。

委員会の進め方については、質問者である議員の場合には、その議員が「はい」と言って挙手すれば済みます。この時、私は「○○さん」と指し、「○○君」と呼ぶのはやめていました。そして大臣以外の官僚が答弁する際には「△△局長の□□です」と言って挙手し、それを私が「△△局長」と指すのです。

最初の委員会の時にはテレビなどで大きく取り上げられ、その後視覚障害のある地方議員が副議長になったり委員長になったりすることにつながりました。とてもよい影響を与えたと思います。

ついでにもう一つ言えば、京都議定書に関連する国内法を委員会で扱ったことが印象深いです。その法案が会期末にまわってくることを予想し、それまでに他の法案を与党ペースのように素早く片づけました。野党の理事からは「はやく進めすぎる」と一言ありましたが、予想通りに会期終盤になって国会審議が止まりました。それで私と同会派の理事と二人で国対委員長に環境委員会だけは動かしてほしいと掛け合い、何とか法案を可決に持ち込むことができました。そんな懐かしい思い出もあります。

——政治家として、様々な駆け引きを経験されたのですね。以前、木村英子さんが講演で、国会議員になってから「群衆からの差別」を一身に受けているような感覚があると話していました。堀さんは議員になって、そのようなことを感じた経験はありましたか。

「すごいね」というのも裏返すと差別です。最初のうちは「視覚障害者に何ができるんだ」とも言われました。社会党内でも女性議員に差別的なことを言われた経験があります。決算委員会に入ったとき、膨大な決算書が読めるのかという声も聞こえてきました。

——議員になって、それを支える体制が大切ですね。私見ですが、れいわ新選組は所属議員の二人を政党としてほとんど支えられていないのではないかと思っています。

そうですね。れいわ新選組自体が障害者と長いあいだ関わってきたわけではないですし、あとは国会の中で新人議員が二人だけでいるというのも厳しいと思います。私のように野党第一党で先輩・後輩・同期という仲間とのつながりがあるわけではなく、二人は会派が小さく、山本太郎も国会にいません。れいわ新選組の二人が実際どうなのかは分かりませんが、他の会派の議員たちとの関係や、役人から説明を受けることなども大変だと思います。

話がそれますが、私が議員になって痛烈に感じたのは、官僚と喧嘩してはいけないということです。政策を実現するために官僚には協力してもらわなければなりません。私は官僚に対して、どちらかというとお願い調でした。

当時、自民党の大物政治家が絡んだ盲導犬協会の不正があり、予算委員会で追及しようか迷った経験があります。しかし、私のような力のない議員が追及すると議員も官僚も敵に回してしまうため、仕方なく諦めました。運輸委員会にいたときにも新聞記者から不正に関する情報提供があって追及するか迷いましたが、運輸省を敵に回すと政策を実現できなくなるので諦めました。記者が私に言うには、委員会で取り上げてもらえれば明日の朝刊の一面に書けるのだということでした。

――政策実現のために不正追及を諦めるというのは、新著で書かれている「本質的矛盾」と「副次的矛盾」の話に近いですね。(注4)

そういうものです。二度悔しい思いをしましたが、政策実現のためには仕方なかったことだと思います。他の議員とは違い、私には議員や官僚を敵に回すことができるほどの力はありませんでした。

――新著には「時間的障壁」についても書かれていましたが、鎌倉市議の千一さんも著書で同様のことを指摘されていました。（注5）

これが「障壁」に関する議論から抜け落ちてしまっていることを懸念しています。私の場合は口を使ってすぐに質問できますが、舩後さんの場合はそうもいきません。合理的配慮として時間を延ばす必要があります。

――「時間的障壁」について、堀さんご自身はいかがでしたか。

私の場合は、6歳のときに病気で視覚障害になり、小学4年生で盲学校に転校して、中学部で点字を始めました。点字は幼年期から始めるとスラスラ読めるようになります。そのころはまだ少し見えていたので目で読んで点字を勉強しましたが、始めるのが遅かったのです。

委員会では会話のキャッチボールのように即興で質問ができますが、本会議では事前に提出した文書通りに質問を読まなければなりませんでした。その際に、点字を読むのが遅いので時間をオーバーしてしまうのです。他の議員の場合には議長が「○○君、時間です」と注意しますが、2分ほど超えても私には何も言いませんでした。そこは暗に認めてくれていたのです。

そのような意味で時間的障壁は、私にとっても大きな問題でした。いまは国が四つの障壁を示していますが、すでに大学や公務員の点字受験で時間延長が認められているように、時間的な配慮がもっと必要だと思います。

――普段の政策の勉強はどのようにされていましたか。

議員時代は役所からの資料やデータ、調査を読むのに精いっぱいで、本を読む余裕はありませんでした。しかもその資料も点字で来るはずはなく、当時は全て墨字でした。それを秘書が読んだり、点字に直したりしてやっていました。政策づくりも質問も役所の資料を読まないことには始まらないので、それに追われていました。

――秘書が介助していたのですか。

結局満足にはいきませんでしたが、秘書に全部読んでもらっていました。現在は３人認められていますが、当時は公設秘書が２人で、それではとてもやっていけないので私設秘書を１人雇いました。役人は前日に資料を作るので点字にする時間もなく、非常に苦労しました。

――すこし話が離れてしまいますが、新著の『障害社会科学の視座』を読ませていただいて、ヘーゲルやマルクスの影響が強いなと感じました。(注6)

ただ、ヘーゲルについて言えば、弁証法論理学でしょうかね。私の10代後半、1960年代後半はベトナム反戦運動や70年安保が盛り上がっていた時代でした。そのころからマルクスの勉強を始め、影響を受けています。

――障害から社会を考えるときに、やはりマルクスの理論は武器となりますか。例えば、障害学の父とされるマイケル・オリバーもマルクスの理論を参考にしています。

確かにオリバー自身は唯物論の立場だと言っていますが、おそらくイギリスではマルクスとは言いにくく、だからそれでフォイエルバッハの唯物論哲学に留めているのだと思います。しかしオリバーは明らかに唯物史観の公式に立っています。人間の意識がその存在を規定するのではなく、逆に、社会的存在が人間の意識を規定するのだという、オリバーの障害学はそうではないでしょうか。

私も基本的に人間は経済・社会によって規定されると考えます。社会を変えることによって自分たちも変わっていける。障害という属性も、百パーセントとはいわないまでもその軽重を決めるのは、社会の部分が大きいと思います。なので社会を変えることによって、障害の内容も変わると私は基本的に考えています。

――つまり、社会モデル的な考え方ということですか。

そういうことですね。しかし、社会モデルと私の考えはすこし異なります。社会モデルは社会一般を想定しますが、実際に社会一般というのはなく、資本主義や市場経済という現実から離れた経済・社会はありません。

もっと分かりやすくいうと、全盲というのが全く同じでも、日本にいる全盲と、モンゴルにいる全盲と、インドにいる全盲と、イランにいる全盲と、スウェーデンにいる全盲と、その障害の内容は全て異なります。それぞれの経済・社会・習慣・宗教・価値観などが異なるため、全盲という属性だけで全てが同じであるとは語れません。

――障害学という学問についても同様の考えですか。

もちろん障害福祉よりはよいですが、私からいうと障害学をやっている人はいまの現実社会を分析しないといいますか、資本主義批判の「し」の字もありません。だから私は「障害の社会科学」という立て方をします。

レーニンのいうような暴力革命は先進国、いまの日本には向きません。しかし、そのような「マルクス＝レーニン主義」ではなく、マルクスの学問そのものはいまだに生きていると感じます。

――堀さんの新著を読んで、柄谷行人『世界史の構造』（2015年、岩波現代文庫）や斎藤幸平『人新世の「資本論」』（2020年、講談社現代新書）の主張に近いのかなと感じました。

そうですね。柄谷行人さんや斎藤幸平さんの議論は、私の考えと同じような感じです。

つまり、資本主義では生産様式が私的所有であるのに対して、ソ連型の国家では国有となって全体主義に陥りやすくなります。両方ダメなので、私の基本的な考え方である「コモン」という共有論・共同体論・アソシエーション論が出てきます。斎藤幸平さんもワーカーズコープを評価していましたね。

そして、柄谷行人さんのことですが、カントからマルクスへとしていますが、これは大変興味深いですよね。

――資本家を批判して国家が強まったら意味がないということですね。本で触れられていた「ワーカーズコープ」「アソシエーション」といったものは、つまりリベラリズム的な分配的正義というよりも、もっとラディカルに交換的正義を考えるということでしょうか。(注7)

そうですね。分かりやすくいうと、資本主義市場経済というのは一見、対等で等しい交換に見えます。しかし私の立場からすると、形式的には等価でも実態は不等価な交換です。それを実態として等価にしなければなりません。また、もう一つ上の段階を考えると、あえて私は「人間的不等価交換」といいますが、例えば１００働く人と50働く人がいたときに、本当は不平等なんだけど、両者が同じ量の分け前をもらうようなところまでいかなければ、私は本当の人間として障害者が解放されないと考えています。１００働く人からすると許せないかもしれませんが、将来的にはそのような社会をつくるべきだと思っています。そうでなければ、障害者も一人の人間だと完全に認められる社会にはなり得ないと思います。

例えば１００の能力の人と50、30の能力の人がいたときに、普通の企業・株式会社は50、30の人を雇いません。しかし、特に韓国やヨーロッパで実践が進んでいますが、「社会的協同組合」「社会的企業」「ワーカーズコープ」「ワーカーズコレクティブ」などと呼ばれているものは、資本家が労働者を雇うわけではなく、労働者が一緒に働いて分配を同じようにしようというものです。

言い換えれば、近代市民社会の基礎をなすロックの自然法思想に代わって、科学としての経済学の分析から、私が言うところの「共民社会」（⇕市民社会）や「共民」（⇕市民）という概念に変化するというものです。

私も百年変わることはないと思っていますが、そのような社会や生き方、働き方をつくるしかありません。

――ひとつの遠い理想といいますか、カントのいう「統整的理念」のようなものですね。堀さんはそのような考えの実践として、障害者の労働を中心に扱うNPO法人「共同連」に関わっていらっしゃいますね。

１９７０年代は身体障害者雇用促進法、障害者福祉でいうと授産事業が進められました。法律外の予算措置で自治体が補助金を出し、小規模作業所運動がありました。小規模作業所では先生／訓練生という関係で障害者が従属的立場に置かれていました。いまの福祉法は支援者／利用者の関係となっていますが、共同連はそのような先生／訓練生という垂直的な関係は差別だと考え、ともに働く横型を目指してやってきた運動です。

私が国会議員だったときに共同連と厚生省を仲介し、議員を辞めてしばらくして共同連の代表に就任しました。現在は顧問を務めています。

――そもそも堀さんが障害者運動に関わるようになったきっかけを教えてください。

60年代後半は大学生の５人に１人がデモをやっているような時代でした。私が明治学院大学の学生だった73年に、重度の脳性まひの人が聴講生として入ってきました。私は試験で大学に入りましたが、彼らは試験を受けさせてもらえなかったため、聴講生として入ってきたのです。それはおかしいと怒ったことが、障害者運動に関わるようになったきっかけでした。そのときに府中療育センター闘争があり、有楽町の都庁本庁舎前の座り込みに私も参加しました。そのとき以来、つまり73年から障害者運動を続けています。

75年には「視覚障害者労働問題協議会」をつくりました。そのころに私の先輩が都の特別区の試験を受けようとしたら、点字受験を拒否されたことがありました。その後東京都と交渉をして、視覚障害者を毎年一人ずつ「福祉指導職Ｃ」（点字受験）として採用させることができました。また、75年には教育委員会の教職員試験の点字受験が始まりました。その後、77年には特別区の品川に福祉指導職と電話交換手の2名を採用させることができました。

――70年代のそのような障害者運動、府中療育センター闘争や青い芝の会の運動はやはりその後に大きな影響を与えていますか。

青い芝の会とも一緒にやりましたね。彼らはラディカルで、もちろん大きな影響を与えています。青い芝の会の「行動綱領」(注8)は私にとってのバイブルです。

70年代は介助者制度などほとんど何もなかった時代です。それで制度をつくれという運動がありました。80年代になると欧米の自立生活運動が輸入されて、90年代になるとその延長線上にバリアフリーの制度づくりの運動がありました。そして2000年代になると障害者権利条約や差別解消法を求める運動が盛り上がりました。障害者運動の歴史を10年ごとに簡単に見ていくとそうなっています。

――この10年で日本は障害者権利条約にも批准しました。障害者に対する社会の空気はやはり変わってきていますか。

それはそれで変わってきていますが、むしろ世の中は本質的には悪くなっていると思います。良くするより、悪くしないためにどうするかというほどです。政治自体が日本も含めて世界的に権威主義的・独裁的になっていて、分断が進んでいます。世界の半分以上の国が独裁国家になっているという研究報告もあります。そうなると、障害者は一層厳しい状況に置かれます。

――新型コロナウイルス感染症の流行がなければ、今年２０２０年の夏に障害者権利条約の初回審査が行われるはずでした。審査で日本はどのように評価されそうですか。(注９)

案をちらほら聞いていますが、日本政府に対してかなり厳しい勧告が出るはずです。やはり、実態が権利条約のようにはなっていないのです。誤魔化してるというか、やる気がない。例えば「地域へ」と掲げても実態はいま、身体・知的あわせて約20万人が施設に入っています。片方では地域って言って、一方では入所者何百人の施設をつくっている。二枚舌です。

――日本では家族主義が強く、家族が障害者を抑圧してしまうことも多いですね。障害者運動では「脱施設」と同時に、「脱家族」が重要なテーマの一つになっています。

一般論でいうと、ヨーロッパの個人主義が日本ではどうも孤立主義・利己主義になってしまっています。良くも悪くも家族が崩壊しつつありますが、しかし保守的な考えを持つ人は家族主義を掲げています。個人主義と家族主義に意見が分かれているあいだに、障害者や高齢者が一人暮らしで孤立したりしているのです。

欧米では少なくとも障害者を個人として見ていて、何でも家族に責任を持たせるということもありません。日本では家族に障害者の面倒をみさせるという方向性が未だにあります。欧米のように個人主義にはなりきれないけれども家族は崩壊していて、それなのにイデオロギー的には家族主義を掲げている。難しい問題です。

――それに対する解決策の一つとして、「アソシエーション」が出てくるのですね。

そうです。菅義偉首相や自民党がいうような縦型の自助―共助―公助には反対です。私が言っているのは、それを横型にするということです。共助を富士山のように大きくして、自助と公助がそれを支えるかたちをとるべきです。

相模原で起きたやまゆり園事件の裁判では、被害者である障害者がほとんど匿名とされました。匿名にするのはおかしいと障害者の側が声を挙げたり、家族からは仕方ないという意見が出たり、地域との関係や家族との関係が難しいです。私自身も経験がありますが、家族に障害者がいるということを隠してしまうのです。

――個人主義の話に戻ると、私自身もですが、特に日本の若者は自分の手の届く範囲のことで精いっぱいになっている気がします。(注10)

アメリカでもヨーロッパでも韓国でも若者がデモに行っていますが、日本ではあまり盛り上がりません。

なぜかというと、70年の頃に過激なことをやった結果、就職に困るということがありました。それを反面教師にして、あのようなことをやったら自分が損をすると。

しかし、この30年間を振り返ってよくよく考えると、学校のいじめの文化が影響しているのではないかと思います。人と違うことをしたらいじめられ、意識高い系と嘲笑される。我々世代は、若者は正義を貫くという感じでしたが、いまの若者は周りと摩擦を起こさずに空気を読むという感じなのでしょうか。

——自分と仲のよい人たちだけで何とか生き延びようという感じだと思います。その原因となっているのは教育システムと、勝ち組／負け組の競争原理でしょうか。障害者に対する差別や偏見、スティグマもそのようなところから生じているように思います。[注11] インクルーシブ教育に変われば、少しはそれらも解消されると思われますか。

そう思います。障害者権利条約がいうように、インクルーシブ教育が重要です。あとはやはり、障害は頭や知識だけで理解できるものではありません。一緒に直接触れあうことを経験しなければ理解が生まれないのです。たとえ喧嘩をしたとしても、同じ教室にいるからわかるわけで、別々に分けられて育つとお互いに触れあって理解する機会がありません。

——だからこそ、障害者の社会参加や議会参加を進めることも重要だということですね。非常に勉強になりました。ありがとうございました。

こちらこそありがとうございました。ちょっと挑発にのってしまいましたよ（笑）。

【補論】

舩後、木村両参議院議員の国会における合理的配慮について

堀　利和

時間的障壁

今夏の参議院選挙で見事当選を果たして国会議員になった二人の障害当事者、舩後靖彦さんと木村英子さんについて、特に舩後さんの存在に焦点を当てて論じてみたい。舩後さんはＡＬＳ患者で、最重度の障害者であると言ってよく、コミュニケーションも目の動きから文字盤を介助者が読み取るという方法をとっている。

本会議場では異例措置として介助者の付き添いが認められた。国会が慣習を変えたという意味ではきわめて画期的なことであるが、しかしそれは至極当然のことでもある。というのも、そもそも本会議場には議員と限られた参議院職員しか入れず、私の場合は秘書が入れないので入り口から衛司が私を席まで手引きした。ちなみに、盲導犬使用者として新潟県長岡市議会で初当選した藤田さんの自宅には、「本会議場に盲導犬なら犬を入れてもいいなら、豚も入れて

いいのか」と、電話で市民から苦情があったという。職員では舩後さんに対応できないから、介助者が本会議場に入るのは例外措置と言えども当然のことである。法律ではこれを「合理的配慮」というが、つまり既存の規則、手続き、方法の「変更」である。この変更こそが「寛容性」である。

しかし私にとってもっと関心があり興味深いのは、委員会での質問時間である。本原稿を書いている時点では何とも言えないが、秋に始まる臨時国会での委員会審議である。それまでに国会は、理事会は初めての経験、対応、すなわち重要な変更を迫られるということである。委員会での各会派の質問時間は、通常六時間コース、三六〇分であるから、それを委員の人数で割り、そのうえで一人当たりの時間を会派の人数に掛け合わせた持ち時間となる（ただ、自民党が持ち分の時間の一部を野党に譲る慣習がある）。

さて、そこで、舩後さんの場合はどうなるか？　いずれにせよ、このような公平かつ機械的な質問時間の配分では、私のように視覚障害であれば話すことについてはなんら不自由もなく喋ることができるが、舩後さんの場合にはそうはいかない。ただし、私の場合は答弁席の大臣や局長の表情、メモ用紙の受け渡しなどが見えないことがハンディであった。

委員会では、質問取りといってあらかじめ担当課が質問の骨子を聞きにくるのだが、それは大臣の答弁を作成するためである。また、舩後さんの場合には当日の委員会での質問においてはパソコン等によりすでに用意してある質問文章の音声化といった方法などもとられるのかもしれないが、それにしてもＡの質問にA'という答弁があった際、それで終わりというわけにはいかない。なぜなら予算委員会のテレビ中継でもわかるように、答弁に対して納得がいかなければさらに再質問するか、あるいは意見を述べるということになる。黙っていては答弁をそのまま認めたことになるからである。委員会での質問はそのように行われる。質問Ａ、答弁A'。それですぐ次に質問Ｂ、答弁B'に移るというわけにもいかない。少なくとも答弁A'に対してひとことは言う。

舩後さんの場合にはどうするか？　再質問の時間はどうなるか。まさか答弁をあらかじめ聞いておくなどできるはずもない。答弁A'に対して、その場で再質問Ａ２をするにしても時間がかかる、そのための時間延長の保証はあるのか。

また、バッジをつけた議員しか質問（発言）できないから、例外措置として舩後さんに代わって介助者の「発言」を認めるのか（現実はそうせざるを得ないであろう）。

既存の委員会運営、こうした想定のすべては不自由なく喋れる議員を前提にできあがっている。しかし、喋ることに何の不自由もない議員たちを前提にした公平かつ機械的な質問時間の配分、想定内の既存の時間観念などに対しても、舩後さんの存在それ自体がすべてに「変更」を加えるといっても過言ではあるまい。

六時間コースを、休憩を入れて七時間にするのか。永田町の政治家たちにそんな優しさ、寛容性、忍耐強さがあるか、見ものである。あるいは、思いも及ばないウルトラCの方法を見出すのか。いずれにせよ、これが「時間的障壁」。新しい概念である。なぜなら、障害者差別解消法第二条（定義）には次のようにあるからだ。

二　社会的障壁　障害がある者にとって日常生活または社会生活を営む上で障壁となるような社会における事物、制度、慣行、観念その他一切のものをいう。

条文の「その他一切のもの」に含まれるとしても、社会的障壁の例は、「事物、制度、慣行、観念、時間」とすべきではなかろうか。たとえば視覚障害者にあっては、四〇年余り前から公務員採用や大学受験では試験時間が通常の一・五倍の延長が認められている。試験問題の特殊な様式が点字使用者、点字試験にはかなりハンディがあって、それを他の試験者との実質的な公平性を確保するためには時間延長が必須だとみなされてきた。今日的に言えば法律上の「合理的配慮」ということになろう。

時間的障壁に対するこのような合理的配慮がどうなされるのか、秋の臨時国会を前に、私は今大変関心をもって永田町の政治が「革命的」判断をするかどうか楽しみにしている。

――『障害社会科学の視座―障害者と健常者が共に、類としての人間存在へ』（2020年、社会評論社）より

【注】

（1）タレントだった1973年に舞台落下事故で下半身不随に。「車いすを国会へ」をスローガンに掲げた77年の参院選全国区（無所属）で約84万票を獲得して当選。後に自民党に入り、衆議院議員に。郵政相も務めた。八代本人は次のように最初の選挙を振り返る。「私の場合、『地盤』は障害者の集まりに参加したり、……福祉活動で全国をまわったりしたが、全国的な組織となると、心もとない。『看板』は、それまでのテレビタレントとしての知名度が少しはあったが、……出馬予想の顔ぶれを見ると、……超有名人ばかりで、私などまったくの無名なのである。『鞄』はからっけつ、仲間のカンパに頼るしかなかった。」［八代2001：165頁］

（2）障害者としての自身の体験を描いた著書『五体不満足』で知られ、メディアへの露出も多い。2016年参院選で自民党が擁立を検討していたが、週刊誌の不倫報道により断念した。擁立には安倍政権が掲げた「一億総活躍」の象徴とする狙いもあったとされる。

（3）井上ほか［2011］は、障害者の参政権の歴史と現状、課題について様々な角度から論じ

ている。そのなかで、例外的投票方法の拡大などのために公職選挙法の改正が特に取り組むべき課題だとされている。

（4）「本質的矛盾と副次的矛盾が複雑に絡み合った方程式を解きながら『本質』に向かう、……それしかない。大切なのは、『本質』を見失わないことであろう。」〔堀2020：26頁〕

（5）重度の脳性麻痺によって手足と言語に障害がある。2001年から現在まで鎌倉市議会議員を務めている。「質問時間の大半を、ぼくだけは再質問のための書き取り時間（筆者注：本人が音声の出るキーボードに質問を打ち、それを介護者が書き取る時間）に費やしているわけである。せめて、その書き取り時間を『二時間』という質問時間の枠の中に入れないでほしいと思う。」〔千2012：78頁〕

（6）堀〔2020〕が自身の「思想的到達点」「視座」とするもので、思想詩から昨今の障害者問題についての論評、本格的な経済社会学の議論まで、多岐にわたる内容である。

（7）インタビュー後、2020年12月に労働者協同組合法が成立した。従来はNPOなどとして運営されていたワーカーズコープに根拠法が生まれ、法人格が与えられることになる。

（8）以下、引用。

一、われらは自らがCP者であることを自覚する。

われらは、現代社会にあって「本来あってはならない存在」とされつつある自らの位置を認識し、そこに一切の運動の原点をおかなければならないと信じ、且つ行動する。

一、われらは強烈な自己主張を行なう。

われらがCP者である事を自覚した時、そこに起るのは自らを守ろうとする意志である。

われらは強烈な自己主張こそそれを成しうる唯一の路であると信じ、且つ行動する。

一、われらは愛と正義を否定する。
　われらは愛と正義のもつエゴイズムを鋭く告発し、それを否定する事によって生じる人間凝視に伴う相互理解こそ真の福祉であると信じ、且つ行動する。

一、われらは問題解決の路を選ばない。
　われらは安易に問題の解決を図ろうとすることがいかに危険な妥協への出発であるか、身をもって知ってきた。

　われらは、次々と問題提起を行なうことのみがわれらの行いうる運動であると信じ、且つ行動する。

（9）審査は延期となった。日本政府の報告や当事者団体のパラレルレポートなどを参考に、障害者権利委員会が日本政府に対して国際的実施措置として行う。堀が編集長を務める季刊『福祉労働』（２０１９年夏号）でパラレルレポートについて特集も組まれた。

（10）一方で、小林哲夫『平成・令和　学生たちの社会運動—ＳＥＡＬｓ、民青、過激派、独自グループ』（２０２１年、光文社新書）で紹介されているように、社会問題に積極的に取り組んでいる若者も一定数存在する。

（11）教育社会学者の本田由紀［２０２０ab］によると、日本の教育には「学力」のような「日本型メリトクラシー」と、「コミュニケーション能力」「人間力」のような「ハイパー・メリトクラシー」の二つの評価軸が存在し、それらによる「垂直的序列化」と「水平的画一化」の過剰がマイノリティ差別を生む構造的要因となっている。

第6章　『生きざま政治のネットワーク――障害者と議会参加』を読んで

はじめに　政治的実験

（堀　利和）

社会的実験ということがあるように、「政治的実験」ということもありうるであろう。ここではそれを論ずる。

庶民として、生活者として、社会人として疎外されてきた障害者が、政治の世界で議員として存在することは、まさしく「政治的実験」であるといえる。『生きざま政治のネットワーク』のように組織だって、あるいは集団的に事を構えるのは、まれであり初めてのことである。それまで社会のお荷物、保護の対象とされてきた障害者が、今度は市民の代表として政治家議員になるのであって、住民自治の担い手となるのである。これはまさしく「政治的実験」である。

この本（『生きざま政治のネットワーク―障害者と議会参加』）の表紙の帯にも書いたように、国際障害者年のテーマは「社会への完全参加と平等」であったが、ここでは「共生・共育・共政への21世紀に向けて―議会に参加する障害者の記録―」とした。20世紀が「社会参加」であるなら、障害者にとっての21世紀は「政治参加」の時代にすべきであろうと考えた。

そして裏表紙には、「私たちは、『障害』を売りものにしたり、同情や哀れみをかおうとしているのではない。障害者の政治参加についても、選挙運動に際しても、市民として健常者と対等に障害者の立場を訴えているに過ぎない。自ら生きてきた体験、日々生活の中で感じている不合理、そうした諸々の事柄を、代弁者を通さず、直接「自分で発言」するのである。それはまた、民主主義の原点ではないだろうか。市民参加の本来の政治の在り方ではなかったろうか。（本書より）」とある。

そもそも私が政治家になるなどとは全く考えてもいなかったことについては、すでに第5章のインタビューに答えているところである。しかし、あわせて、その意義と価値にその時気づいたのも確かである。89年に参議院議員になってからは、私にとってのもう一つの大きな課題でもあった。それが90年代初めの、そして95年の地方統一選を記録したものが、『生きざま政治のネットワーク』である。「陳情の対象から政策決定の場へ」である。

ところで、今思い起こして考えてみれば、社会党だから私のような無名な草の根の活動家を候補者にし、結果、当選して参議院議員になれたのだと思う。

私のような無名な草の根の活動家とは一体？　この際だから、恥ずかしながらも私のそれまでの経歴、経歴といえるものではないが、それを話すと、私の学校時代の盲人は皆盲学校でははり・灸・あんまマッサージの理療科を卒業して、当時は都道府県知事免許を取って、はり・マッサージ業を営むのが普通であった。

私は静岡盲学校の中学部を卒業して、先生に勧められたこともあって、当時の東京教育大学付属盲学校高等部の普通科に入学した。高等部に普通科があったのは本校だけで、全国の盲学校の高等部は全て理療科であった。静岡盲学校もそうであった。

将来の職業といえば、はり・マッサージ業しかない。もちろん、はり・マッサージの理療（昔は三療といった）は優れた医療でもあるが、それしかないということには疑問も残る、反発さえ感じる。戦前は盲人のことを「あんまさん」と呼んでいた。

しかも、盲界（盲人世界）というところはきわめて閉鎖的で、塀のない施設といっても過言ではない。だから若気の至りから、理療（三療）や盲界からとにかく逃げ出したかったというのが本音のところである。結果、理療（三療）の免許も持たず、逃げ出した、飛び出したのである。

この頃まだ白杖を持たずに歩けるほどの弱視（視力０・02）であったから、75年に品川の保育園の保父、当時はまだ保父は珍しく、そこで3か月ほど働き、その後、都立城南養護学校のスクールバスの添乗員の2年間、さらに大田区の中途失明者のための点字講習会の講師を週1回の10年間を勤めた。それだけで、あとは障害者運動、社会運動に明け暮れていた。そしてひょんなことから参議院議員になったのである。

だからこそかもしれないが、市民として生活者として、社会人として、マイノリティとして、自らが政治の、議会の場で発言すること、それが本当の私たちの政治ではないかと気づいた、気づかされた。それ。それが、私にとっての90年代からの「政治的実験」であるともいえる。

第1節　1990年代の障害者議員ネットワーク（以下、上保晃平）

堀利和編著『生きざま政治のネットワーク―障害者と議会参加』（1995年、現代書館）は、障害者議員たちが組織的・団体的に行った初めての試みであるという。当時参議院議員だった堀と、地方議会で活躍していた障害者議員らの文章がまとめられて、一つの書籍になっている。

元毎日新聞政治記者で常陽学園大学教授（当時）の仲衛による序文では、地方や地域の人々の手から離れたところで行われている中央の密室政治や既成政党への不信が表明されており、障害者議員たちとネットワークの動きに期待が寄せられている。

何やら保守二大政党などがはやされて、一番必要な福祉がなおざりにされ、福祉を担う政治勢力の意気もあがらないように見える今日このごろだけに、市民本位の「福祉ネットワーク」がいま必要である。「シロウトに何ができる」という人もいるが、民主主義とはデモ（シロウト大衆）がクラシー（支配）すること。〔堀編著１９９５：４頁〕

筆者はまだ生まれていないが、１９９０年代前半は時代の転換点だったといえる。この頃には日本の戦後レジームが機能不全に陥っており、以後、政治が有効な解決策を提示できないままに「失われた何十年」が続いている。その間に進められた新自由主義的な改革は、労働組合や地縁組織といった中間団体の衰退を決定的なものにした。政党も市民社会に足場を失いつつある。

今になって振り返ると、障害者議員らによるネットワークの動きとは、そのような転換点にあって政治と社会をつなぐ新たな媒体を立ち上げようとする試みであったといえるのではないだろうか。堀自身は次のように述べている。

「障害者」を切り口とした議員ネットワーク。現職も、これから選挙に出ようとする人も、そしてそのような志を持つ人たちも、気持ちを一つにして協力し合う。中には、障害者よりも障害者らしい健常者が、運動の代表としてカッコつきの障害者になってもよい。とにかく、私は、ネットワークアクションが、停滞とカオスの今日の政治状況を切り開き、二十一世紀への希望を確かなものにすると確信する。〔前掲書：14頁〕

この時期に障害者議員が地方議会で多少なりとも増えた背景については、すでに前章で触れている。本節では『生きざま政治のネットワーク』で描かれている彼らの苦闘をいくつか紹介したい。（以下、肩書きや法制度は当時のものであることを確認しておく。）

視覚障害のある新潟市議の青木学は、堀が新潟で講演をした際に議員になる夢を打ち明け、堀に励まされて立候補を決意したのだという。堀は投票日前日に応援にも入った。青木は結局52人中3位当選を果たしたが、その勝因は視覚障害者という強い個性、「バリアフリー」という新規性のある政策、社会党の推薦などであったという。「目無しだるまを未完成状態の象徴とし、目を入れて初めて一人前になった喜びをあらわす、というのは視覚障害に対する偏見だ」と考え、必勝祈願のだるまには当選前から目が描かれていた〔前掲書：47頁〕。

車いすの熊本県八女市議の山下恭平は、選挙期間中に行政からリフトカーの貸出を受けられなかったことや、介護者まで公選法で定数が決まっている運動員とカウントされたこと、投票所に行けず筆記もできない障害者の投票手段が実質的に保障されていないことを、選挙戦で直面した〈障害〉として挙げている。イメージによる「風」を起こす都市型の選挙戦略ではなく、地域で票を掘り起こす地道な運動を展開したことで、選挙活動において障害による不利益がいかに大きいかを思い知ったともいう。

車いすで元名古屋市議の斎藤亮人は、１９９０年の補欠選挙で当選して「政令指定都市初の車いす議員」となり、10か月間活動した。しかし、以後の選挙では落選を続けた。斎藤は「有権者に訴えていく場合に、『障害者』ということをどこまで強調するのか」〔前掲書：１９１頁〕や「障害者福祉問題と高齢者福祉問題をどのように整理して政策化し、訴えるか」〔前掲書：１９２頁〕という苦悩を明かす。障害者議員は思想信条の問題としてだけではなく、選挙戦略としてもこれらを考える必要がある。また、選挙での敗因としては、中選挙区という選挙制度、社会党や労組の退潮、地域住民とのつながりの欠如、障害者団体や福祉団体との連携不足などが挙げられている。

その他にもＣＩＬ系の活動の中から擁立された東京都町田市議の樋口恵子など多くの障害者議員の体験記が収録されているが、いずれも地盤・看板・カバンがない選挙を戦う難しさを感じていたようである。

第2節　同時期の主婦と生活者ネットワークから考える

本節では1990年代前半の主婦のネットワーク運動に関する研究を参照しながら、ほぼ同時期の障害者議員ネットワークについて考える。

そもそも、主婦、すなわち家庭における家事労働を担う女性が政治や社会から疎外されてきたのは、障害者が疎外されてきた問題と同じ構造から生じていると考えられる。社会学者の上野千鶴子は「マルクス主義フェミニズム」を提唱する中で、次のように指摘している。

成人男子が産業軍事型社会の「現役兵」だとしたら、社会の他のメンバー、たとえば子供はその「予備兵」だし、「老人」は「退役兵」、病人や障害者は「廃兵」である。そして女は、これら「ヒトでないヒト」たちを世話する補佐役、二流市民として、彼らと共に「市場」の外、「家族」という領域に置き去りにされる。［上野2009：10頁］

本書でも同様の批判的な認識に立ち、主婦によるネットワーク運動を比較検討するものである。

アメリカの政治学者であるロビン・ルブラン［1999＝2012］は、1991年11月から93年5月にかけて東京都練馬区大泉地区周辺の主婦たちへの参与観察を行い、彼女らの政治との関わりを描いた。その研究では、主に主婦や生活者といった非エリート層が日常的に使う「自転車」と、主に男性のエリート層が日常的に使う「タクシー」が象徴的なものとして対比されている。例えば両者はそれぞれ、いわゆる「小文字の政治」と「大文字の政治」の対比や、研究の方法論としての質的調査と量的調査・理論の対比をも象徴しているのである。

ルブランは「主婦」が政治と関わるにあたって直面する矛盾を指摘する。主婦であることとはすなわち、他の一切の社会的アイデンティティに「属さない」ことを意味するが、一方で政治とは一般的に「利益代表」ばかりであると理解されているのだ。主婦は政治にアクセスする方策をほとんど持たないばかりか、その倫理において政治を拒否する。

そのような状況に風穴を開けたのが、「生活クラブ生活協同組合」（生協）とその実質的な政治活動部隊といえる「生活者ネットワーク」（ネット）である。食品や日用品の共同購入をする生協による近場の主婦同士のつながりを基礎にして議会に「代理人」（議員）を送り込む。そのようなネットの運動は「単に、無党派層が増えつつある政治状況において行き場のない支持者を引きつけているだけでなく、『主婦アイデンティティ』から見た既成政治への失望を表明するよう、支持者たちに勧めている」［前掲書：178〜179頁］ものだった。1980年代から地方議会で女性議員の割合が少しずつ増えていった背景には、１９９６年に全国１１７人の地方議員を擁するほどになったネットの成長がある。

しかし、主婦アイデンティティを強調するネットの活動には限界もあった。

> 「主婦意識」は、ネットの運動の政治的目的を描写し正当化するための、また共有すべき組織原理を練り上げるための、便利な道具となりうる。しかし、いったん実行に移されると、その「主婦」意識が、目的の刷新と組織の発展の面で運動に制約をもたらす。その制約は、自由主義の政治においてネットが絶えず利得を拡大していくことに、潜在的な障壁をもたらすのである。〔前掲書：１８２～１８３頁〕

ネットワークの拡大に伴う運動の組織化は、前述の主婦が抱える矛盾を顕在化させた。また、「代理人」が議員として仕事に取り組む中でいつの間にかアマチュアでなくなってしまうという問題も生じた。組織化されたエリート男性（「タクシー」）が標準とされる政治の世界に、「自転車」に乗った主婦たちのネットワークが入り込むことの困難は相当のものであるようだ。[注1]

障害者議員ネットワークについて考えると、〝議員〟ネットワークである点で違いがあるものの、総じて同様の矛盾があったものと予想される。ルブランは「主婦」を強調することにメリットがある一方で、「主婦」に対する社会的なマイナスのイメージも背負うことになるとも指摘している。その点については、障害者であればなおさらのことに思える。

障害者を象徴する乗り物を仮に「車いす」としよう。「タクシー」が「ハイウェイ」に乗って政治を取り仕切っていることに、「自転車」に乗ったルブランは怒りを隠しきれない。「車いす」ではさらに、それ以上の〈障害〉に直面するのである。

その後障害者議員ネットワークは解散し、現在では生活者ネットワークもかつての勢いを失っている。二大政党制確立の試みが頓挫し、再び閉塞感が漂う中で2010年代に盛り上がったのは地域密着のネットワーク型の運動ではなく、地方自治体の首長による新自由主義ポピュリズムだった。

「自転車」や「車いす」が「タクシー」と並走するどころか、新たに「ハイウェイ」を増設しているのが現状である。「タクシー」はより速くより遠くへ進んでいく。一方で、「自転車」「車いす」はその場に取り残される。それどころか、もっと速くペダルを漕ぐように急かされ責められる。リハビリによって障害を乗り越えたパラアスリートばかりが称賛され、「活躍」できない者は施設に押し込められて「命の選別」にかけられる。

市場原理に基づく競争だけが称揚される社会では、「ハイウェイ」（非対称を拡大させる社会構造）の存在には目が向けられない一方で、合理的配慮や積極的格差是正措置はむしろ「特権」

として批判されてしまう。新自由主義ポピュリズムにおいては、障害者こそが不当に手厚い保護を受ける「既得権益」として攻撃されかねないのである。

しかし、それに対抗しようとする政治的な動きは、第1章で見たように「風」任せとなっているいる。党員を増やして、足場となるネットワーク運動や地方組織を政党として固めていこうとする動きはそれほど活発ではない。

【注】

（1）ルブランは、主婦目線を掲げた自民党参議院議員の小野清子が「自転車」と「タクシー」の狭間という難しい状況に置かれている様を描いてもいる。障害者の八代英太と主婦の小野、両者とも政治から排除されがちな社会的アイデンティティを持っているにも関わらず、自民党に入ることは一見不思議に思える。

八代［2001：172頁］は「政権党である自民党が福祉に本腰を入れて取り組まなければ、仲間の幸せはない」との思いから自民党入りしたという。政治家のレトリックという面はあるにせよ、たしかにそのような面はあるのだろう。八代自身が実際に大きな役割を果たしたし、たとえば、2019年末に寡婦（夫）控除に関わる税制改革をめぐる議論で大きな働きをしたのは、稲田朋美ら自民党の保守的な女性議員だった。

また、堀利和は前章のインタビューで「障害者といっても一人の人間として支持政党や思想信条はバラバラ」と話していた。だからこそ、党派性に関わらず描写的代表を確保する必要があると筆者は考える。

ちなみに、八代と小野にはいくつかの興味深い共通点がある。両者とも中曽根康弘に誘われて自民党入りした「タレント議員」で、既成政治を批判して、自らが素人であることや学ぶ意欲にあふれていることを強調している。それらは当時、疎外された社会的アイデンティティを持つ者が政治の中枢に入っていくために、不可欠な所作だったのかもしれない。

終章　議会参加の〈障害〉
――理論的考察の試み

本章ではこれまでの内容をもとに、議会参加の〈障害〉について理論的考察を試みる。第1節では政治学の理論をもとに、選挙制度や政党組織という〈障害〉について考察する。第2節では社会学者ピエール・ブルデューの理論を参考に、それまでの議論をまとめる。最後に第3節では〈私〉に注目して、障害者の議会参加の意義をより一般化して論じたい。

第1節　政治学的分析――選挙制度と政党組織

1．障害者国会議員5例の検討

これまでにも論じてきたが、戦後国会における「障害者議員」の事例は八代英太・堀利和・

木村英子・舩後靖彦・横沢高徳の5例とされる。

車いすの八代英太は、タレント業をしていたが事故で下半身不随となり、1977年参院選で全国区（定数50の大選挙区制）から無所属で当選した。拘束名簿式比例代表制が導入された83年参院選では、自ら「福祉党」を旗揚げして再選した。翌年、自民党に移籍し、89年参院選では拘束名簿2位に記載されて再選した。16番目の名簿順位だった95年参院選では次点で落選したが、小選挙区制が導入された96年衆院選に東京12区から当選した。その後、小渕内閣と森内閣で郵政大臣を務め、2000年衆院選で再選。03年衆院選では比例東京ブロック（非拘束名簿）で再々選した。郵政民営化法案に反対した経緯から、05年衆院選では東京12区から無所属で立候補することになり、結果敗れた。以後も国政選挙に挑戦したが、いずれも敗れている。

視覚障害者の堀利和は、86年参院選に日本社会党から出馬して落選した後に、89年参院選で初当選した。1期を務めた後の95年参院選で再び落選し、民主党に移った98年参院選で当選した（いずれも拘束名簿式比例）。通算2期12年間参議院議員を務め、2004年参院選には出馬せずに引退した。

重度障害者の木村英子とALS患者の舩後靖彦は、19年参院選でれいわ新選組から比例特定枠で当選した。

車いすの横沢高徳は、元パラリンピック選手であり、19年参院選で岩手選挙区（定数1）から野党統一候補（無所属）として当選した。横沢は選挙後に国民民主党に入り、後に立憲民主党に合流した。

以上から気がつくのは、5例とも共通して参議院議員として初当選を果たしており、さらに横沢を除く4例では、初当選が参院選の全国区（大選挙区または比例）選出であった点である。一般論で言えば、政権選択選挙とは目されない参院選において、かつ、地域の利害を離れて投票先が判断される全国区で、障害者が比較的当選しやすいことを示しているように思われる。そのことに加えて、以下では投票誘因の観点から分析を進めていきたい。

2．日本の執政制度

戦後の日本の執政制度は、国家レベルでは議院内閣制、地方レベルでは二元代表制が採用されている。ここではそれらを所与のものとして、まずは現行の選挙制度が障害者に不利であることを指摘したい。

政治学者の建林正彦［2017］は比較政治学の知見をもとに、執政制度と選挙制度が有権者の投票選択に及ぼす誘因構造を示している。以下ではそれを参考に論を進める。

まず執政制度や選挙制度によって、有権者が政党を基準に投票先を決める政党投票と、候補者個人を基準に投票先を決める個人投票のどちらが相対的に選択されやすいのかは異なる。また、半自立的な政治競争アリーナである衆議院・参議院・地方議会では、それぞれ独自のルールが働く一方で、アリーナ間で影響を及ぼし合ってもいるという、マルチレベルの相互作用を重視する立場が示されている。

執政制度に着目すると、日本の国家レベルで採用されている議院内閣制では議会の多数派が政権を担うことが予期されるため、議会選挙において強い政党投票誘因が働く。一方、日本の地方レベルで採用されている首長と議会の二元代表制では、大統領制と同じく、行政の長は別に選挙される。そのため、議会選挙では政権選択誘因が弱く、相対的に個人投票誘因が強く働くと思われる。

3．政治改革前の選挙制度

1993年以前の選挙制度に着目すると、衆議院では中選挙区制[注1]が採られていた。中選挙区制には、一選挙区に複数人が立候補する大政党では政党内競争が働いて個人投票誘因が強くなる一方で、一人しか立候補しない小政党には個人投票誘因が働かないという非対称性がある。また参議院では、地方区と全国区の混合制が採られてきた。全国区では1980年の選挙まで定数50の大選挙区制が、83年から98年の選挙までは拘束名簿式比例代表制が、2001年の選挙以降は非拘束名簿式比例代表制が用いられている。

かつて衆議院の「カーボンコピー」と揶揄されていた参議院の評価は、２００７年以降に衆議院と参議院の多数派が一致しない「ねじれ」が生じたことで一転した。現在では日本国憲法が規定する二院制は実質的に衆参両院の過半数確保を政権に求めるものであり、参議院の権限は国際比較の上でも「上院としてはかなり強い部類に入る」［大山２０１８：１９６頁］ことが広く指摘されている。

マルチレベルの観点からいえば、55年体制において衆議院で過半数議席を確保することの多かった自民党は、全体的に比例度の高い選挙制度を採る参議院でも多数派を形成しなければならなかった。そして、自民党が参議院で過半数を確保するためには地方区で圧勝する必要がある。そのため中選挙区に複数人が立候補し、参議院の地方区で個人本位の選挙が行われることとなった。

また、１９８０年までの全国区の大選挙区制は当然、個人投票誘因の強く働くものであった。そして地方議会選挙では、衆議院よりも定数の多い中選挙区制が採られていることが多いため、政党ラベルが機能しづらく、無所属の立候補者が多くなるなど個人本位の選挙となりやすい。

以上のように、１９９３年以前には全ての政治競争アリーナで「少なくとも大規模な政党についてては個人投票誘因が強く働く制度が採られてきた」［建林２０１７：22頁］。前章までの議論から明らかなように、障害者の社会的地位が現在よりもずっと低く、障害者に対する負のイメージも非常に強かった時代である。個人投票誘因の強い制度のもとで障害者が当選することは、大変な困難であったと考えられる。

77年参院選で八代が初当選したのは個人投票誘因の強い全国区の大選挙区制からであったが、これは理論的には例外だといえるだろう。元タレントで全国的に知名度があったということや、車いすという障害の特性が影響したと思われる。また、全国区の制度が拘束名簿式比例代表に改められた83年参院選では、八代自ら「福祉党」を立ち上げ、党の他候補者らとともに八代ひとりの議席を守る戦いを展開したという。これについても八代個人に対する投票という面が強かったと推測される。

4．政治改革後の選挙制度

1994年には衆議院の選挙制度改革が行われ、新たに小選挙区比例代表並立制が採用された。小選挙区制と拘束名簿式比例代表制は「議院内閣制の下ではいずれも政党投票誘因の強い制度」〔前掲書：25～26頁〕である。「デュヴェルジェの法則[注2]」により二大政党制が確立されることが期待され、党執行部への集権化も図られた。

しかし、地方議会において個人投票誘因が強い選挙制度が維持され、参議院においては

2001年に拘束名簿式から非拘束名簿式比例代表制に変更されて、選挙制度の個人本位化が進められた。

政党投票誘因が強い衆議院の選挙制度は他のアリーナにも影響を与えているが、現状ではマルチレベルにおいて複雑な制度設計となっている。ただ、全体としては有権者が候補者個人よりも政党ラベルを重視するようになったと考えられ、障害者に対する負のイメージの影響が緩和された可能性がある。

89年参院選と98年参院選で当選した堀は、いずれも拘束名簿式比例代表制で名簿上位に記載されてのものだったと振り返る。[注3] 自民党に移った八代の89年参院選も同様だった。また、19年参院選で木村と舩後が活用した「特定枠」もほとんど拘束名簿と変わらない。

そして八代はその後、96年衆院選と2000年衆院選で小選挙区から当選を果たしている。障害者が衆議院議員となったことは他に例がないが、これについても自民党候補としての政党投票誘因が強く働いたと考えられる。そのことは、八代が05年衆院選に無所属で立候補し、同一選挙区であったにも関わらず、一転して4人中3位に沈んだことが傍証となる。小沢一郎の地盤である岩手選挙区から野党統一候補として当選した横沢についても、同様に政党投票誘因が働いたと考えられる。

一方、政党投票は候補者に不利に働くこともある。八代は自民党に逆風が吹いた95年参院選では名簿上位に入れず、次点で落選した。そのときの実感を「『福祉を一生懸命やっている、八代英太に投票する』人が、比例代表だと、『福祉を一生懸命やっている、自民党』とは評価しない」と記している［八代２００１：１８０頁］。また、国会議員を対象に当選の「原動力」を聞いた２０１６年の調査によると、自民党議員は衆議院議員・参議院議員ともに政党の力を高く評価しているのに対し、民進党議員は個人の力を評価している。対象の選挙が民進党（民主党）に逆風の選挙だったことに関係していると思われる［建林２０１７：53頁］。

筆者が考えるところ、近年の選挙においては、後述するような政党システムによって「多弱」野党の候補者に対しては政党投票誘因があまり働いていない、もしくはそれが不利に働いている可能性がある。野党の候補者が一本化されていない小選挙区において、自公かそれ以外かという政党投票が行われる一方、各野党の候補者に対しては個人本位の投票が行われることがあるからである。したがって、野党から立候補する障害者は、政党ラベルを利用して〈障害〉を回避することが難しいのではないかと筆者は考える。

また、地方議会の選挙においては当選に必要な得票数が比較的少なく、投票率も低迷している。そのため、一部の熱心な支援者たちの票や組織票によって、障害者が個人本位の選挙に勝ち得ると思われる。(注4)

5．政党のリクルートシステムと政党組織の変容

つぎに、政党のゲートキーパー機能に注目したい。政党本位の選挙が行われるとすれば、候補者にとっては主要政党の公認や推薦が得られるか否かが重要となる。

元衆議院議員の井戸まさえによると、55年体制においては「自民党は官僚、二世、地方議員、秘書、一方で社会党、民社党、共産党では党役員や機関紙の記者といった党内別部署での『待機人材』が、組織の中から『候補者』として誕生してい」った〔井戸２０１８：80頁〕。

しかし、１９９２年に日本新党が初めて行った候補者公募が他党にも広がったことや、55年体制の崩壊によって自民党と野党の求める人材に大きな差がなくなったこともあって、そのようなリクルートシステムはやや変化した。「松下政経塾」や「小沢一郎政治塾」が人材育成の場として活用され、上記以外の属性を持つ者にも政治家になる道が拓かれた。近年では、橋下徹の大阪維新の会が立ち上げた「維新政治塾」や、それに倣った小池百合子の「希望の塾」のように、高額な受講料によって政党の活動資金を確保しつつ、選挙に勝てる人材を探すビジネスモデルが成功を収めている。ただし、井戸は「たとえ世襲であっても表向きは『公募』や『塾』といった器を経由しながら、候補者が選ばれ、選挙区が決まる」〔前掲書：１２０頁〕とも指摘している。

公明党の場合は特殊である。薬師寺克行［2016］によると、公明党では所属議員や創価学会幹部の推薦に基づいて党内で候補者が決まり、創価学会に伝える。それを受けて学会では「中央社会協議会」や地方の社会協議会が推薦を決め、学会員による選挙応援を確実なものとする。以前と比べると創価学会幹部出身の国会議員は減っていて、外部の弁護士や医師といった社会的地位の高い人物を擁立することもあるという。しかし、それでも「出たい人より出したい人」という原則は維持されており、「周囲から見て、創価学会の活動に熱心であるとか献身的であることが評価された人物が、候補者に推されている」［前掲書：245頁］。

以上のような政党のリクルートシステムから、障害者は実質的に排除されてきた。そのことは、第5章で堀利和も語っていた。それに対して、れいわ新選組は19年参院選の時点では自ら立ち上げた山本太郎のワンマンであり、彼が一人で候補者を選定したと思われる。その結果、多様な属性を持つ候補者たちが集められた。

また1980年代以降、政党組織は世界的に変容し、現在では「政党が社会に根を下ろした存在ではなくなり、政治家や活動家の短期的な合理性に基づいて運営されている」［待鳥2015：199頁］。「選挙―プロフェッショナル政党」「カルテル政党」「ビジネス―企業政党」といった政治学の概念はそのような状況を捉えようとするものであり、自民党や民主党など日本の政党も例外ではない。

選挙に勝利して政権を獲得・維持することが政党のほとんど唯一の命題となり、政党が市民社会から乖離しつつある。そのような現状では、少数派の意見が無視されたり、反対に一部の中核的な支持者による極端な意見が過剰に取り入れられたりする可能性が高くなる。選挙で障害者政策が得票に繋がらないとすれば、政党が当事者の声に耳を傾けながらそれに積極的に取り組むことは考えにくい。障害者を候補者として擁立することについても同様である。政党がそれらの社会的意義を考慮することよりも、選挙で勝利することを優先する傾向が一層強くなっているといえるのではないだろうか。

6. 政党システムの変容

94年の政治改革で目指された二大政党制は、結局日本政治に根づくことはなかった。政治学者の中北浩爾が現在の日本の政党システムを「一党優位に近い二ブロック型多党制」〔中北2019：99頁〕と表現するように、特に民主党政権が倒れた2012年衆院選以降は「一強」の自民党に「多弱」野党が対峙する状況となっている。

その要因について選挙制度に限っていえば、小選挙区比例代表並立制では「支持基盤が厚く、かつ公明党と緊密な選挙協力を行う自民党は、小選挙区制の効果で過大な議席を得られるのに対して、支持基盤が弱体な民主党などは、無党派層からの集票に右往左往せざるを得ず、そこに比例代表制の効果が加わり、分裂を起こしがちになる」〔前掲書：65頁〕からだという。リベラルな理念を掲げる野党も多弱化した状況では、無党派層からの得票を強く意識し、短期的な視点に立たざるを得ないといえるだろう。

7．〈障害〉の除去に向けて

選挙制度や政党組織という観点から、障害者議員を増やす方法を考える。[注5] 以上の議論からは、個人投票誘因が強い制度よりも政党投票誘因が強い制度の方が、基本的には障害者にとって有利であることが示唆される。[注6] ただし、「一強」自民党対「多弱」野党という政党システムの中で、特に野党候補者が統一されていない小選挙区において、野党から出馬する障害者が個人本位の選挙に直面する可能性がある。政党本位の選挙戦に持ち込み、また野党の得票の分裂を防ぐためにも、まずは共産党やれいわ新選組などを含めた野党共闘の体制を築くことが重要だろう。

中長期的には、障害者の描写的代表を確保するために次のような選挙制度を採り入れることが考えられる。

一つは、拘束名簿式比例代表制である。政党が障害者をリストの上位に位置づけることで、マジョリティの支持を獲得せずとも当選することができる。れいわ新選組が活用した「特定枠」の制度は、非拘束名簿の中に実質的に拘束名簿を入れたものである。

拘束名簿式比例代表制は、衆議院議員選挙で実施されているが、現状では比例復活として用いられることが多い。それよりも各政党が比例単独候補を多く擁立して、独自色を出していく方が望ましいのではないだろうか。ただし、そのためには候補者の選定過程の透明化を図るなど、有権者の納得が得られるように努める必要がある。

また、大山礼子［２０１８］は大選挙区完全連記制にも多様性を反映する効果が期待されると指摘している。この制度は戦前の選挙でも一部で用いられたもので、有権者に定数と同数までの連記を認める。「理屈のうえでは政党に対する議席配分は小選挙区制と変わらないはずだが、同一政党が同じ選挙区で複数の候補者を擁立するので、候補者の属性は多様化する可能性がある」［前掲書：１６０頁］という。戦後には１９４６年衆院選で一度だけ大選挙区制限連記制（連記できる数が定数より少ないもの）が用いられ、当時の世相やＧＨＱの後押しもあって、39人の女性議員が新たに誕生した。

前述した野党共闘についても、その困難は小選挙区制と比例代表制の混合から生じている。そのような副作用やマルチレベルにおける影響も考慮しつつ、これらの選挙制度を広く採り入れることを探るべきだ。

他には、クオータ制を導入することも考えられる。女性議員を増やす文脈でよく主張される、候補者や議席の一定の割合をマイノリティ（その場合だと女性）に割り当てるものである。前田健太郎［2019］によると、ジェンダー・クオータは①一部議席を女性に限定する「リザーブ議席」、②政党が自発的に候補者の一定割合を女性にする「政党クオータ」、③政党が候補者の一定割合を女性にすることを法的に義務付ける「候補者クオータ」の三つに大別することができる。

日本では、政党に男女同数の擁立を義務付けるフランスのパリテ法を参考に、2018年に候補者男女均等法が成立した。この法律に罰則規定はなく、政党に努力を求めるに過ぎない。19年参院選から適用されたが、現職議員の多い自民党の早期達成が難しいという事情もあり、当選者全体ではいまだ女性の割合は23％に留まっている。(注7)

堀利和が第5章のインタビューで語っていた韓国の事例も参考になる。韓国での障害者の議会参加に関する研究を見つけることはできなかったが、簡潔にまとめられた『毎日新聞』の記事があったので抜粋する。(注8)

韓国では2000年代に障害者の政界進出が進んだ。04年の総選挙では、当時の与党「開かれたウリ党」が障害者団体代表として車椅子の張香淑（チャンヒャンスク）氏を比例名簿1位に載せ、野党も当選圏内の8位で全盲の鄭和元（チャンファウォン）氏を擁立。2人は当選後、党派を超えて協力し、07年の障害者差別禁止法の成立などに貢献した。各政党は、障害者の声を重視する姿勢が有権者全体へのアピールにつながると考え、08年総選挙では主要政党すべてが障害者候補を比例名簿上位に入れた。同年以降、韓国の国会では身体に障害がある8人の議員が活動してきた。

このように、韓国では政党が自発的に比例拘束名簿の上位に障害者を載せるという「政党クオータ」に近いことが行われている。

韓国のように、日本でもひとまず「政党クオータ」を導入するということが、短期的には考えられるだろう。それは特に、「二ブロック型多党制」という政党システムの中で「多弱」にあえぐリベラル系野党にとっては、自民党や他の野党からの卓越化を図るための好材料となり得る。れいわ新選組が行ったアイデンティティ政治の戦略はまさにその実践である。選挙戦で「れいわ現象」を巻き起こしただけでなく、その後においてもたった2議席でありながらメディアに大きく取り上げられている。障害者議員を増やすことは、無党派層を引きつける政党の戦略としても有効であるといえる。

野党のそのような戦略がある程度成功すれば、おのずと自民党も対応を迫られる。そのようにして様々な信条・価値観・イデオロギーを持った、様々な〈障害〉に直面している障害者議員が誕生し、健常者議員とともに議論を深めていくことが望ましい。

90年代の政治改革以来、党執行部の指導力は増している。そのことを描写的代表の確保にこそ活かすべきである。選挙制度を政党本位のものに改正することは、そのような方向性を後押しするに違いない。実質的な政党間競争が働かない限り政治に大きな変革は期待できないが、障害者の議会参加をきっかけにしてそのような競争が多少なりとも活性化していくのではないだろうか。

ところで、21年秋までに行われることが確実な次期衆院選では、れいわ新選組が従来の戦略を続けるだけでなく、その成功を見た立憲民主党など他の野党も障害者を擁立する可能性がある。小選挙区で野党候補の一本化が図られるとすれば、政党投票誘因もより強く働くだろう。また、拘束名簿式比例代表において、各政党が候補者の独自色を強めるかもしれない。様々な〈障害〉の当事者が、当選圏内の名簿上位に入ることを期待する。今後の参院選でも同様に、特定枠を用いたマイノリティの擁立が続くと思われる。

そのようにして当選が果たされた場合、政党が彼らをしっかりとサポートしていく必要がある。合理的配慮やバリアフリーに努めるだけでなく、議員として必要な技能を共有し、党内での相互理解を図らなければならない。

また、主要な政治競争アリーナである国会で描写的代表が改善に向かうと、地方政治にもその動きが波及していくと考えられる。現状、地方議会では無所属の候補者が多く会派の繋がりも緩いが、少なくとも障害者の議会参加に対する有権者の意識や議会の対応は大きく変化するだろう。地方議会で障害者議員が増えて実績が積み重なれば、それがまた国政に影響を与えると思われる。

第2節　ブルデュー理論による説明　―政治と社会の循環関係

1．ブルデューの理論

フランスの社会学者であるピエール・ブルデューが展開した社会システム理論によって、本書で示した内容を体系的に説明することを試みる。筆者は〈障害〉を主観と客観の両面から構築されるものとして捉えたが、多田治編［2020］の議論を参考に、ブルデューの理論でも〈障害〉や社会構造をそのように捉えることができると思われる。また、ブルデューは階級による明確な線引き（労働者／資本家）をせず、社会空間における位置関係として社会階層を把握しようとした。その理論は障害者／健常者の断絶を描くのではなく、その非対称を傾向性として捉えることに役立つと思われる。順を追って説明しながら、ここまでの議論のまとめに代えたい。

ブルデューは〈界〉という概念を用いて社会システムを説明する。〈界〉とは「社会的マクロコスモスの内部の自律的なミクロコスモス」〔ブルデュー2000＝2003：74頁〕であり、その世界に入る者は暗黙の裡に固有のルールに同意し、それに基づいた競争に巻き込まれる。(注9)ブルデューによると、〈政治界〉は「プロとノン・プロの間の断絶の上に成り立ってい」る〔前掲書：75頁〕。一市民が政治に口を出すことに対して、無責任だと非難する政治家さえ存在するというが、裏返せば、ノン・プロである市民が政治から排除されているということを意味する。

政治界というのは、アクセスの条件を満たした一部の人々が他の人々は排除されている特殊なゲームを演ずる場である、ということです。政治の世界は排除の上に、剥奪の上に成り立っているということを知っておくことは大切です。政治界が形成されていくにつれて、自律化するにつれて、それはますます職業化します。プロたちがノン・プロを一種の憐れみをもって見る傾向が強まります。〔前掲書：78頁〕

ブルデューはそのことを指摘することで、有権者の代弁や代表を謳う政治家が、実際には〈政治界〉に固有のルールのもとで行動することがある、ということを示している。政治家には、その世界における自分の立ち位置や他のメンバーとの関係という、独自の政治的利害が働くのだ。

また、〈政治界〉では「社会世界の見方・分け方の正統な原理の独占をめざす闘争」〔前掲書：91頁〕が行われている。自らの考えを他者に正しいと認めさせることで〈界〉内部での地位上昇を達成しようとする「象徴闘争」である。(注10) ブルデューによると、そのような闘争で効力を発揮し、なおかつそれ自体をめぐっても争われる「政治資本」は、自身がどのように見られているかという「評判資本」（知名度や信用など）と結びついている。

そして、現代政治においてそれを担保し、政治の世界への「入界権」を司っているのが政党である。したがって、政治家は自身が持つ政治資本を増殖するためにも、政党との結びつきを強めていく。ブルデューに言わせると、「政治家が行う行動の大きな部分はもっぱら、党機関を再生産することと、彼らの再生産を保証する党機関を再生産することによって政治家を再生産することを目的とした行動」〔前掲書：94頁〕なのである。

つぎに、政治資本と評判資本についてもう少し詳しく考えたい。ブルデューは、マルクスの資本概念を拡張し、広い意味で「資本」の語を用いた。次頁の図は、多田治編〔2020：29頁〕より「図2-2　象徴資本と他の資本との関係」を引用したものである。

単純化すると、「経済資本」は金銭を、「社会関係資本」は人脈・人間関係を指すと言ってよいだろう。文化資本は、ブルデュー〔1979＝1990a v頁〕の訳者まえがきで、「広い意味での文化に関わる有形・無形の所有物の総体」と説明されている。具体的には、知識・教養・感性のような「身体化された文化資本」と、書籍・絵画のような「客体化された文化資本」、学歴・資格のような「制度化された文化資本」の三つに分類できるものである。

そして象徴資本とは、「様々な資本が主観的な認識・評価を付加されたもの、知覚カテゴリーに従って認知された資本である」［多田編2020：29頁］。経済資本・文化資本・社会関係資本はそれらが知覚されることで象徴資本に変換され、また象徴資本がそれら諸資本を正当化しているという循環関係にあると考えられる。

筆者は、評判資本はこの象徴資本の一形態であり、政治資本はそれら主観的・客観的な諸資本が変換されたものであると考える。

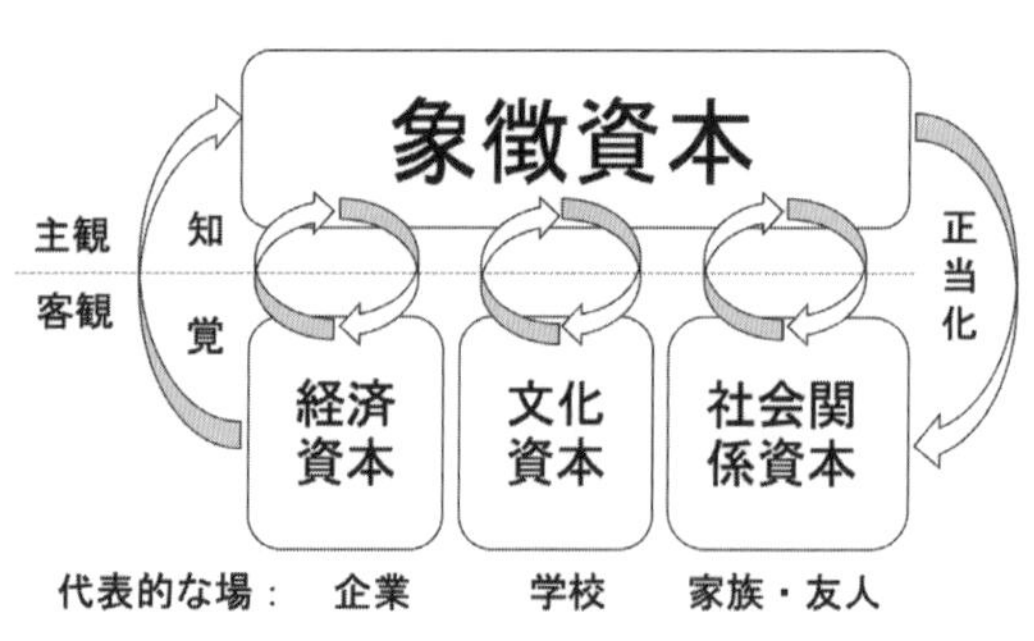

2. 議論のまとめ

それでは、以上に紹介した見方を、本書の内容に当てはめて考えてみよう。それを以って、これまでの議論のまとめに代える。

第一に、障害者は〈政治界〉にアクセスする道をほとんど塞がれている。そこから「排除」されてきたのであり、「剥奪」されてきたのだ。そのことは、いまだに地方議員を合わせて40人程度しか現職の障害者議員が存在しないという事実に、端的に表されている。

その理由としては、障害者がそもそもゲームに参入するだけの資本を持ち合わせていないという事情が考えられる。一般的に、政治家になるには地盤（組織や後援会）・看板（知名度）・カバン（選挙資金）が必要だとされているが、それらはブルデューのいうところの社会関係資本・評判資本・経済資本に近いと筆者は考える。(注11) そうであるとすれば、それらは政治資本に変換することが可能である。

第5章のインタビューで堀利和元参議院議員は、草の根運動出身で「地盤・看板・カバン」がなかったがために、他の議員と比べて政治的な力が弱かったと述懐していた。そのことが理由で不正の追及を諦めたこともあるという。これはまさに、〈政治界〉や政治資本に関するブルデューの議論に適合的である。「地盤・看板・カバン」の欠如が政治資本の相対的な欠如をまねき、〈政治界〉内部における自身の位置や関係に照らして、大物議員が絡む不正の追及を躊躇したと解釈することができる。諸資本の不足は〈政治界〉へのアクセスを困難にせしめ、その世界内部においても政治資本の少なさとして現れる。

だからこそ、障害者の議会参加を広げていくためにはその土台となる社会・経済を変えていくことが不可欠なのである。障害者が直面する日常的な〈障害〉を除去し、障害者が持つ諸資本を増やしていくことが重要だ。(注12)

しかし、そもそも障害者に不平等に分配されている諸資本が、健常者も含めた競争の中にあって、自然に増大するとは考えづらい。非対称は再生産され続けるだろう。

だからこそ、下部構造を変えるために、政治による働きかけが必要である。そして、そのような働きかけを強化するためにも、障害者の議会参加（描写的代表の確保）が重要なのだ。(注13)社会構造はそのような二重性として成り立っていると考えられる。(注14)

それでは、どのようにすればこの非対称の著しい現実を変えることができるのだろうか。下部構造が上部構造を規定し、上部構造が下部構造を規定しているという本書の認識では、その負の循環から抜け出す方法を考えることが難しいように思える。

そこで筆者がまず注目したのが、「入界権」を司っており、政治家の評判資本とも結びついているという政党であった。障害者議員を増やして負の循環を正の循環へと変えていくため、中長期的には選挙制度を改正することを考えるべきだ。前節で論じた通り、政党投票誘因の強い制度を採用し、特に拘束名簿式比例代表制をより活用すべきだ。

政党の姿勢も問題となる。現実的には、まず「政党クオータ」を導入することが考えられるだろう。それは特に、現在「多弱」にあえぐリベラル系野党にとっては、自民党や他の野党からの卓越化を図るための好材料となり得る。それは、「党機関を再生産することと、彼らの再生産を保証する党機関を再生産することによって政治家を再生産すること」〔前掲書：94頁〕という政治家の目的にも適うものであると考えられる。実際に、韓国ではそのようにして障害のある国会議員が増えたという。

れいわ新選組は19年参院選で他党からの卓越化にある程度成功し、左派ポピュリズム的な「風」や「特定枠」の活用によって、木村英子と舩後靖彦を当選させた。二人は国会の場で〈障害〉を一つ一つ取り上げてその除去に努めており、「命の選別」に強く反対をしてきた。車いすの横沢高徳参議院議員（立憲民主党）とともに当事者が国会の場にいることで、参議院のバリアフリー化が進み、合理的配慮もなされた。れいわ新選組はたった2議席の小政党ながら、その活動が主要メディアに取り上げられることも多い。

日常における〈障害〉が取り除かれ、公的介護保障を基盤として、障害者が当たり前のように経済資本や文化資本、社会関係資本、評判資本などを享受できるようになれば、障害者の議会参加も進んでいくだろう。木村英子と舩後靖彦の当選ならびに議員活動は、負の循環から正の循環へと移行するための風穴を開けたものだと評価できる。

第3節 〈障害〉――議会参加――〈私〉

これまでにも大いに示唆してきたが、障害者が政治に「効果的かつ完全に参加」するためには、健常者も含めたすべての人にとって〈障害〉がないような社会を目指さなければならないというのが筆者の考えである。もちろん、障害者特有の困難や利益は存在するし、それを否定したり軽視したりするわけではない。当事者がそれらを主張して闘うのは当然のことでもある。筆者の念頭にあるのは、丸山真男のいう「抑圧の移譲」である。それが生じる構造自体を変えない限り、強烈なバックラッシュさえ起こってしまうのではないだろうかと危惧している。

政治哲学を専門とする宇野重規［２０１０］は、人々の平等意識の変容と新しい個人主義の出現によって、現代日本社会では「未来に期待をもてず『いま・この瞬間』の不平等是正を求めてやまない〈私〉の平等意識」［前掲書：41頁］が先鋭化していることを指摘する。「自分自身である」ことを常に求め、求められてもいることが、〈私〉にとって負担になっている。また同時に、現代では社会的なものが解体されつつあり、社会問題は心理化・個人化される傾向にある。多数者の声といえども、断片化しているのだ。その結果、行き場を失った〈私〉の不満や不安が、自己責任論やエゴイズム、ナショナリズムなどに変換されているという。(注15)すなわち、多くの人が何かモヤモヤしたものを抱えているけれど、〈私〉から〈私たち〉への回路はほとんど失われていて、社会を変える手がかりなど掴めないでいるのである。

しかし宇野は、だからこそデモクラシーの活性化が重要であることを説く。

デモクラシーとは、一人ひとりの〈私〉にとって不可欠な社会を再確認し、再創造するためのものにほかなりません。このデモクラシーのプロセスを経てこそ、人は自らの〈私〉を確認できるのです。もちろん、このデモクラシーのプロセスが調和的なものであるとは限りません。……しかしながら、そのような摩擦や緊張さえも、むしろ自己反省能力の向上につなげるのがデモクラシーの力です。［前掲書：179頁］

多くの人が抱えている生きづらさを解消するために有効なのは、一人ひとりの〈私〉に開かれたデモクラシーである。つまり、広い意味における〈障害〉を除き、その回路を確保することが急務だといえる。

だからこそ、筆者は障害者の議会参加の重要性を主張するのである。「障害の個人モデル」

を否定して「障害の社会モデル」に転換するということは、〈私〉だけではどうにもならない問題を〈私たち〉で解決することを目指すということだ。描写的代表の確保は、そのような方向性を強化するに違いない。

異議申し立てを受けた一人ひとりの〈私〉は、それを正面から受け止めて自省しなければならないだろう。一人ひとりの健常者がすこし変わる。それだけでも、一人の障害者にとっては大きな変化となるに違いない。

そのようなデモクラシー、代議制民主主義のもとでは特に議会参加が果たされてこそ、〈障害〉に関わらず一人ひとりの〈私〉が連帯する社会に向かうのではないだろうか。

そもそも障害者と健常者が社会の中でくっきりと分けられてしまっていることが大きな問題である。両者がリアルに関わることなしに、「連帯」も「包摂」も果たされるはずがない。その意味で、〝フル〟インクルーシブ教育を導入することは最重要課題だろう。

より身近なレベルで考えると、たとえば、2020年には国立市内に聴覚障害者が中心となって働く「スターバックスコーヒー nonowa 国立店」がオープンした。同様の店舗形態は国内初、世界でも5例目だという。三井絹子らの「闘い」や国立市の取り組みなどによって障害者に対する理解が比較的進んでいることが、この地域での出店の背景にあったと思われる。大学や下宿先の近くに所在するため筆者もよく利用する。

スタッフ・客を問わず、店内では手話が飛び交う。注文の際にはメニューを指で差したり、店内の掲示を参考に「フラペチーノ」「ありがとう」などと手話で伝えたりしてコミュニケーションを図る。最初は戸惑ったが、一度利用してみると客として特に不便はないことに気がつく。それどころか、コミュニケーションをとることができたという事実によって何か温かいものが心の中に残る。それがまた利用しようという動機になるし、今度はもっと手話を使ってみようという気持ちにもなる。

そのような現実におけるふれあいや意思疎通を図ろうとする試みが、社会を変える第一歩になると信じる。結果として上手くいかなかったとしても、それらを試みたということが、次の試みへのハードルを下げるだろう。それは〈私〉（ブルデューの言葉でいうと「ハビトゥス」）から意識的に少し飛び出してみるということであり、いわば「賭け」に身を投じることである。そのような積み重ねが、構造を流動化させ、〈障害〉に関わらず一人ひとりの〈私〉がつながる社会をつくっていくのではないだろうか。

実は本書もそのようにして出来上がったものである。政治を語り参加することはなかなかハードルが高いが、筆者もまずは小さな実践を積み重ねることから始めてみようと思う。

【注】

（1）複数定数の単記非移譲式投票制。日本の大選挙区制も同様。

（2）待鳥聡史［2015a］によると、定数1の小選挙区制では当選者が上位二政党の候補者に占められやすく、第三党以下が過少代表されるという「機械的要因」と、有権者がそれを見越して投票行動をするという「心理的要因」により、小選挙区制では二大政党制が導かれるというもの。比例代表制ではそれが働かず、多党制となると考えられる。

（3）その後、個人投票誘因の強い非拘束名簿式比例代表制に改められたことが、堀が引退を決意する要因となったという（第5章）。

（4）多くの有権者は地方議員に関心が低い。そのために、障害者という属性が知名度を相対的に高める可能性がある。鎌倉市議の千一［2012］のように、地域における福祉やバリアフリーを進める姿勢を打ち出して支持を広げた議員もいる。

（5）選挙制度のほかにも議員構成の多様化を阻んでいる壁として、公職選挙法による厳しい選挙運動規制や選挙期間の短さ、被選挙年齢の高さ、立候補休暇の不備、高額の供託金といったものが考えられる［大山2018］。障害者の議会参加に限らず、それらは現職議員にとって有利に働いており、多様な属性を持つ新人の立候補を阻んでいると考えられる。ジェンダーや年齢、経済力といった面でも描写的代表を確保するためには、それらを改正することも不可欠である。

（6）前田健太郎［2019：195頁］は「衆議院議員における選挙制度と女性議員の割合」の関係を、折れ線グラフを用いて示している。それによると、中選挙区制において数％で推移していた女性議員の割合が、94年の選挙改革以降に上昇傾向に転じたことが分かる。「改革の副産物」として、小選挙区制・拘束名簿式比例代表制・全体ともに中選挙区制の時よりも高い割合を保っているが、一貫して比例の方が小選挙区よりも約5～10％ほど高い。

(7) 前田健太郎［2019：202頁］によると、候補者全体としては過去最高の28％となり、特に野党第一党の立憲民主党では候補者の45％が女性となった。

(8) 渋江千春「(世界@日本) 障害者の政界進出事情　タイ／英国／米国／EU／南ア／韓国／日本」デジタル毎日（毎日新聞社）、2019年8月30日、https://mainichi.jp/articles/20190830/ddm/007/030/015000c　2021年3月26日最終閲覧。

(9) 〈界〉は以下の六つの要素を持つものと整理される。
「①闘争の場であり、②独自の資本・賭け金をめぐって争われ、③独自のルールが存在し、④支配―被支配の空間的構造をもち、⑤歴史的に形成され、⑥外部から区別される相対的自律性をもつ境界を示す」［多田編2020：15頁］。

(10) ブルデューは、「真である観念に内在的な力というものはない」というスピノザの言葉を引いて説明している［ブルデュー2000＝2003：97頁］。象徴闘争には「客観的」な「数や力、まとまりを誇示する」面だけではなく、「主観的な評価を操作」して〈界〉のルール自体を自分が有利なように改変しようとする面がある［多田編2020：29頁］。
　また、ブルデューは〈政治界〉と政党を、それぞれ〈宗教界〉と教会のアナロジーとしても捉えている。〈政治界〉における象徴闘争は、いわば〈宗教界〉における正統と異端をめぐる争いである。

(11) 特に、選挙や政治活動にはとにかくお金がかかるようだ。17年衆院選を戦った井戸まさえ

［２０１８］によると、その際に民進党から１５００万円が支給されたという。しかし、現職議員ではなく歳費がない彼女らは、平時の活動で資金を「先食い」している。派閥からの資金援助もある自民党現職議員に対して、選挙資金面で不利であるという。

また、堀はマルクスに従って資本主義経済を問題視しているが、その生産様式から排除されている障害者が自力で経済資本を増大させていくことは、たしかにほとんど不可能に近い。ただし筆者は、評判資本のあった八代英太や乙武洋匡のように、様々な資本が政治資本に変換可能だと捉えられるブルデューの理論の方が、この場合には適していると考える。ブルデューは、経済資本をはじめとする諸資本の量が相関関係にあることも指摘している。

(12) 一方、障害者議員の当事者性も何らかの資本として捉えることができるだろう。障害者政策を議論する場においては、そのような資本が特に有効である。もっと言えば、「私たち抜きに私たちのことを決めないで！」という主張自体が、〈政治界〉や障害者政策を議論する場における障害者の社会空間内における位置を高めようとする、あるいは場のルール自体を自分たちが有利になるように改変しようとする、象徴闘争を示すものだと考えられる。

(13) もちろん、その回路はほかにも存在する。三井絹子たちの「闘い」（行政との交渉や政治家への働きかけ、講演会による市民への呼びかけなど）はその例だ。ほかにも、裁判やメディアの動員といった方法が考えられる。

(14) ブルデュー理論において上部構造と下部構造は、独自の概念である「ハビトゥス」を介して因果関係にある［多田編２０２０］。ハビトゥスは「構造化される構造」であると同時に「構造化する構造」でもある。無意識のうちに人々のなかに蓄積されていき、その人々の考え方やものの見方、行動の傾向性を生む。本書のいう「生きざま」や〈私〉に近い意味を持つ。

　障害者と健常者を分ける社会構造も、ハビトゥスを通して、再生産されていくと考えられる。ブルデューによるとハビトゥスは特に家庭や学校で形成されるため、インクルーシブ教育の導入は現状を変える有効な手段だと思われる。そのようにして障害者と健常者の分断を除去していくことは、議会参加を進めるためにも重要である。

(15)「命の選別」や「トリアージ」を容認する声も、おそらくはそのような社会構造を要因として生じている。もっといえば、相模原事件のような「異常」とされる事件であっても、背景にはそれを生む社会構造があると考えられる。加害者は他の〈私〉でもあり得たし、今後もそのような〈私〉が再生産され続けることを危惧している。

おわりに

本書は2021年1月に私が一橋大学社会学部に提出した学士論文に、加筆修正をしたものです。

健常者である私が障害者の議会参加を論じることには葛藤がありました。最初は六畳間に閉じこもって文献を読み漁っていたのですが、それだけではいけないと思いなおし、書を捨てて町へ出ました。当事者の方たちからお話を伺ったり、一緒に過ごしたりする中で、何度も〈私〉が大きく揺さぶられるような経験をしました。寺山修司が強調するように、「人生は、書物のそとで聞くときは音色が違っている」のです。

書物を通してとはなりますが、同じように、まずは障害者の生きざまやその背後にある政治的・社会的状況をもっと多くの人たちに知ってもらいたい。それが拙文を恥じながらも、出版を決意した動機です。もちろん一介の大学生に過ぎない私に、啓蒙などできるはずがありません。本書の中にはきっと、勉強不足な点や考えの至らない点があるでしょう。しかし、学者でもジャーナリストでもないからこそ、聞き出せたこともあると思うのです。

第3章~第5章では「話を聴いて、理解して、その後に人に伝えるということ」（ブルデュー）に徹したつもりです。それ以外の部分については「私はこのように考えましたが、皆さんはいかがですか？」という誘いとして受け取ってもらえると幸いです。本書の認識に立てば、知るということ自体が、すでに現実を変える作用を持っています。本書が少しでもその役に立てばと思います。そして、皆さんとともに考え、声をあげていけたらと願っています。

今春から新聞記者の職に就きます。ブルデューは「重力の法則があるからこそ飛べる」とも語りました。そのように希望を捨てず、まずはしっかりと現実を分析すること。また、一人ひとりの〈私〉の声に耳を傾け、それらをつなぐ媒体となること。新聞報道のあり方が厳しく問われているからこそ、これらを目標に、自らの加害性についても肝に銘じて、まずは新人記者として励みます。

ゼミの指導教員である中北浩爾先生には、2年間にわたってお世話になりました。政治学の理論と現場のズレを知り、生きた学問を学びました。また、ゼミの学生の皆さんにも大いに刺激を受けました。ありがとうございました。

学士論文の執筆や本書の出版にあたりお世話になった、木村英子様、三井絹子様、三井俊明様、かたつむりの皆様に心より感謝いたします。

堀利和様にはインタビュー協力だけでなく、このような出版の機会をいただきました。監修していただくことを心強く思います。

本書の出版にあたっては、松田健二社会評論社社長、編集にあたっていただいた本間一弥様に、心より感謝いたします。

最後に、献身的に私を支え続けてくれている両親と、〈障害〉について考えるきっかけを与えてくれた妹に感謝します。これからも直面するであろう厳しい現実や葛藤を生きていくために、本書がささやかな希望となりますように。

2021年3月　引っ越し間際、春風吹き込む六畳間にて

上保晃平

＊参考文献

▼書籍・論文・冊子

赤窄英子［1985］「命の重たさに」『生きているって言えますか。―はばたけ籠のなかから！』ライフステーションワンステップかたつむり、11-19頁。

安積純子・岡原正幸・尾中文哉・立岩真也［2012］『生の技法（第3版）―家と施設を出て暮らす障害者の社会学』生活書院。

荒井裕樹［2020］『障害者差別を問い直す』中公新書。

池原毅和［2020］『日本の障害差別禁止法制―条約から条例まで』信山社。

井戸まさえ［2018］『ドキュメント候補者たちの闘争―選挙とカネと政党』岩波書店。

井上英夫・川崎和代・藤本文朗・山本忠編著［2011］『障害をもつ人々の社会参加と参政権』法律文化社。

上野千鶴子［2009］『家父長制と資本制―マルクス主義フェミニズムの地平』岩波現代文庫。

宇野重規［2010］『〈私〉時代のデモクラシー』岩波新書。

大山礼子［2018］『政治を再建する、いくつかの方法―政治制度から考える』日本経済新聞出版社。

オリバー，M.［1990＝2006］『障害の政治―イギリス障害学の原点』三島亜紀子・山岸倫子・山森亮・横須賀俊司訳、明石書店。

北川雄也［2018］『ガバナンスと評価3　障害者福祉の政策学―評価とマネジメント』晃洋書

＊参考文献

房。

木村英子［1993］「自立そして地立」『生きているって言えますかⅡ—かたつむりの家10年のあゆみ』ライフステーションワンステップかたつむり、18－28頁。

熊谷晋一郎［2020］「液状化した世界の歩きかた」『わたしの身体はままならない—〈障害者のリアルに迫るゼミ〉特別講義』河出書房新社、27－52頁。

ゴッフマン、E．［1961＝1984］『アサイラム—施設被収容者の日常世界』石黒毅訳、誠信書房。

——［1963＝2016］『スティグマの社会学—烙印を押されたアイデンティティ』石黒毅訳、せりか書房。

坂田周一［2020］『社会福祉政策〔第4版〕—原理と展開』有斐閣。

杉野昭博［2007］『障害学—理論形成と射程』東京大学出版会。

須田真介［2018］「府中療育センター闘争が残したもう一つの障害者運動—入居者自治会による施設改革運動」障害学会『障害学研究14』明石書店、145－171頁。

千一［2012］『じろじろ見てよ—重度脳性マヒのぼくが議員になって』いそっぷ社。

多田治編［2020］『社会学理論のプラクティス』くんぷる。

立岩真也［2018］『不如意の身体—病障害とある社会』青土社。

——［2021］『介助の仕事—街で暮らす／を支える』ちくま新書。

建林正彦［2017］『政党政治の制度分析—マルチレベルの政治競争における政党組織』千倉書房。

辻陽［2019］『日本の地方議会—都市のジレンマ、消滅危機の町村』中公新書。

中北浩爾［2019］『自公政権とは何か――「連立」にみる強さの正体』中公新書。

――［2020］「地域からのポピュリズム――橋下維新、小池ファーストと日本政治」水島治郎編『ポピュリズムという挑戦――岐路に立つ現代デモクラシー』岩波書店、285－313頁。

日本社会臨床学会編［1996］『施設と街のはざまで――「共に生きる」ということの現在』影書房。

東　俊裕［2019］「（特集　障害者権利条約・パラレルレポートの重要論点）条約の実施体制と日本障害者の置かれている基礎的な社会構造から見た評価」『季刊福祉労働　第163号』現代書館、8－24頁。

ヒジノ　ケン，V.-L［2020］「日本型ポピュリズム：フワッとした民意、突風と熱狂」船橋洋一・アイケンベリー，G.-J『自由主義の危機――国際秩序と日本』東洋経済新報社、209－241頁。

深田耕一郎［2013］『福祉と贈与――全身性障害者・新田勲と介護者たち』生活書院。

舩後靖彦・寮美千子［2016］『増補新装版　しあわせの王様――全身麻痺のALSを生きる舩後靖彦の挑戦』ロクリン社。

ブルデュー，P.［1979＝1990a］『ディスタンクシオンⅠ――社会的判断力批判』石井洋二郎訳、藤原書店。

――［1979＝1990b］『ディスタンクシオンⅡ――社会的判断力批判』石井洋二郎訳、藤原書店。

――［2000＝2003］『政治――政治学から「政治界」の科学へ』藤本一勇・加藤晴久訳、

＊参考文献

藤原書店。

堀　利和［2020］『障害社会科学の視座―障害者と健常者が共に、類としての人間存在へ』社会評論社。

堀　利和編著［1995］『生きざま政治のネットワーク―障害者と議会参加』現代書館。

本田由紀［2020a］「『教育』が生み出した犯人の『思想』」『季刊福祉労働　第167号』現代書館、35－41頁。

――［2020b］『教育は何を評価してきたのか』岩波新書。

前田健太郎［2019］『女性のいない民主主義』岩波新書。

牧内昇平［2019］『「れいわ現象」の正体』ポプラ新書。

待鳥聡史［2015a］『シリーズ日本の政治6　政党システムと政党組織』東京大学出版会。

――［2015b］『代議制民主主義―「民意」と「政治家」を問い直す』中公新書。

松井亮輔・川島聡編［2010］『概説　障害者権利条約』法律文化社。

真鍋　厚［2020］『山本太郎とN国党―SNSが変える民主主義』光文社新書。

三浦まり［2015］『私たちの声を議会へ―代表制民主主義の再生』岩波書店。

水島治郎［2016］『ポピュリズムとは何か―民主主義の敵か、改革の希望か』中公新書。

三井絹子［1978］『私のいた施設の実態』くにたち・かたつむりの会。

――［1979］『それでも地域に生きつづける―「障害者」が子どもを産むとき』くにたち・かたつむりの会。

――［1985］「生んでよかった」『生きているって言えますか。―はばたけ籠のなかから！』

ライフステーションワンステップかたつむり、61－72頁。

――［1993］「抵抗の証」『生きているって言えますかⅡ―かたつむりの家10年のあゆみ』ライフステーションワンステップかたつむり、60－76頁。

――［2006］『抵抗の証―私は人形じゃない』千書房。

ミュデ・C・カルトワッセル・C・R［2017＝2018］『ポピュリズム―デモクラシーの友と敵』永井大輔・高山裕二訳、白水社。

薬師寺克行［2016］『公明党―創価学会と50年の軌跡』中公新書。

八代英太［1982］『八代英太　汗と涙の奮戦記』技術と人間。

――［2001］『八代英太の車いす郵政大臣奮戦記』サイビズ。

山田真裕［2016］『シリーズ日本の政治4　政治参加と民主政治』東京大学出版会。

山本太郎［2020］「政治家・山本太郎はどこから来て、どこへと向かうのか」ele-king 臨時増刊号『山本太郎から見える日本』P・ヴァイン、4－45頁。

山本太郎・木村元彦・雨宮処凜［2019］『#あなたを幸せにしたいんだ―山本太郎とれいわ新選組』集英社。

横田　弘［2015］『【増補新版】障害者殺しの思想』現代書館。

ルブラン・R・M［1999＝2012］『バイシクル・シティズン―「政治」を拒否する日本の主婦』尾内隆之訳、勁草書房。

＊参考文献

▼ＨＰ・インターネットサイト

上村和子ＨＰ、http://ikiru-kenri.jp/　２０２１年3月26日最終閲覧。

木村英子ＨＰ、https://eiko-kimura.jp/　２０２１年3月26日最終閲覧。

舩後靖彦ＨＰ、https://yasuhiko-funago.jp/　２０２１年3月26日最終閲覧。

山本太郎ＨＰ、https://www.taro-yamamoto.jp/　２０２１年3月26日最終閲覧。

ライフステーションワンステップかたつむり（現ＮＰＯ法人ワンステップかたつむり国立）ＨＰ、https://ktm1-step.jimdofree.com/、２０２１年3月26日最終閲覧。

立命館大学生存学研究所ＨＰ、http://www.arsvi.com/　２０２１年3月26日最終閲覧。

れいわ新選組ＨＰ、https://reiwa-shinsengumi.com/　２０２１年3月26日最終閲覧。

▼インタビュー・聞き取り調査

参議院議員（れいわ新選組）・木村英子 様。

元参議院議員（日本社会党・民主党）・堀利和 様。

ＮＰＯ法人「ワンステップかたつむり国立」理事長・三井絹子 様。

政治団体「『生きる権利を市民の手で！』の会」代表・三井俊明 様。

ＮＰＯ法人「ワンステップかたつむり国立」の皆様。

〔資料〕

視覚障害者議員はいま

議員活動実態調査報告より

視覚障害者議員ネットワーク

2003年2月発行

もくじ

発刊にあたって

―視覚障害者と政治参加―

視覚障害者議員ネットワーク代表
参議院議員堀利和

本誌は、昨年視覚障害者議員ネットワークでおこなった実態調査を手がかりに、多くの方々に視覚障害を持つ議員の現状と課題を知っていただくことを目的にまとめたものだ。

この実態調査は、視覚に障害をもつ議員が選挙に出馬し、議員として活動するうえでの困難やハンディキャップ、また、それを克服するための創意工夫、どのような援助をうけているか。それを議員相互で理解し合い、参考になるものを見いだしていこうとおこなった簡単なアンケート調査である。実態が明らかになったとはいいがたいが、日々奮闘している私たちの議員活動の意義やその努力の一端がご理解いただけると思う。

日本の盲人の歴史は世界的に見てもきわめて特異な存在である。職業自立を目的に同胞が自前の組織を形成し、時の権力と折り合いをつけながら、古くは琵琶法師の小集団をいくつも結成して相互扶助制度を作っていた。室町時代には明石検校をも誕生させ、さらに江戸時代には近世の身分社会において「当道座」「瞽女座」「盲僧座」(盲人の自治組織)を確立し、あん摩、鍼、三弦音曲、座頭貸し(金貸し)など「座」を中心に職業自立を達成していた。それを可能にしたのも時の幕府と折り合いをつけ、その庇護のもとに活動できたからにほかならない。時の権力、つまり政治力をもっていたことの証左である。現代的にいえばロビー活動に優れていたと言えるのではなかろうか。明治維新でそれまでの特権はうしなわれ「座」も解体させれられた。しかしその後も職業自立をめざして盲教育を早々と進めたり、あん摩、鍼をめぐって国会請願、規則や制度を設けさせたり、あるいは大正 14 年には総選挙において点字による投票を法制化するなど、果敢に政治・社会運動を展開していた。

政治の分野でも、明治 23 年第1回の総選挙から衆議院議員として活躍していた高木正年代議士が緑内障で失明し一度は落選する。しかし、「西欧には同じ境遇で政治家になっているものもある」とはげまされ、みごとに返り咲いた。以後 35 年間、明治、大正、昭和にかけて政治家として活躍した。

明治 30 年には、愛媛県余土村で、村民の要請により全盲の村長が誕生した。森恒太郎である。彼は小作人の保護を訴え、無利息肥料貸付資金により、米の品質向上、増産をはかり、自治共同の精神を現実のものとする原動力となった。

昭和に入り、愛盲運動を提唱し日本ライトハウスの設立に力を尽くした岩橋武夫(日本盲人会連合初代会長)も忘れてはならない。愛盲運動は、盲人を社会の構成員の一員として天分を発揮させ、生活の保障をする盲人解放運動である。この岩橋も終戦後初めての昭和 21 年4月に行わ

れた第22回総選挙で大阪市から果敢に挑戦した。実に81名が乱立した激戦区大阪市での勝利は残念ながら果たせなかった。しかし14番目の高得票からも、岩橋の挑戦や主張が幅広い有権者の共感を得、影響を与えたことがうかがえる。

これら先達のエネルギッシュでダイナミックな政治・社会運動を顧みるとき、今日の私たちの置かれている状況をどう評価できるだろうか。先達者同様の評価をいただけるとは思えないが、「政治参加」を継承し、実現しようと新たな1歩を踏み出して、懸命に努力していることをご理解いただけると思う。

ネットワークに参加している一人ひとりはさまざまな思いや条件、立場や環境に左右されながら、共通の困難をかかえ、悩んでいる。

スウェーデンのベンクト・リンドクヴィスト元・福祉大臣は全盲として障害者の立場で、一方英国のデイヴィット・ブランケット現・内務大臣は全盲であってもそのこととは無関係に一人の政治家としての立場を貫くなど、それぞれ異なる政治家像を持っている。

選挙に出馬した際、あるいは議員になってからも「視覚障害を持ちながら頑張っているね」、「盲導犬をつれて議会にはいるってすばらしい」という励ましの声もあれば、「視覚障害者になにができる」、「盲導犬は犬だ。職場に連れて行くとはなにごとか」という心ない声も聞こえる。

議会から公的援助があるところも、ほとんどないケースもある。はたしてどこまで要求を出したらよいのか、一人ひとりが思い悩む。「障害者の問題に専念すべきだ」という意見もあれば、「障害者のことだけやらず、議員としてなんでもやらなければ」と言われることもある。

いずれにしろ、有権者、住民になかにいろいろな見方、考え方があってよいし、視覚障害者議員自身がリンドクヴィスト氏型でもブランケット氏型でもよい。なにが正しいかはここでは結論づけられない。ただ共通認識は、視覚障害というハンディを議員活動のうえでどう理解し、克服していくかである。しかし、それは日常または社会生活において、視覚障害者だれもが経験する情報処理と移動のハンディそのものといえる。それがきわだっているだけだ。

1999年に結成したネットワークの目的はそこにこそある。政策、ポリシー、党派は問わず、「視覚障害」を共通項にした議員のネットワークである。本誌を読まれた皆様に、ほんの一部でもそうしたことをご理解いただき、一人ひとりの議員を支えていただければ幸いである。

最後に、本誌編集にご協力をいただいた皆様、特にご多忙のおり寄稿くださった東京大学助教授・福島智氏、座談会を企画してくださったJBS日本福祉放送の武藤歌織さんに心より御礼を申し上げたい。

ほりとしかず・1950年静岡県生まれ。明治学院大卒業。
1989年社会党(当時)参議院比例区で初当選、現在2期目・民主党所属。

視覚障害者議員の議員活動における実情調査結果

アンケート項目は、各会員からの要望により設定。
実施時期は2002年1月から2月、集計は6月、回答数11。

使用文字：点字使用者5・墨字使用者6（内、全盲で墨字使用者2）

年齢	30代	40代	50代	60代	70代
人数	2	1	6	0	2

市会議員7　町会議員4

当選回数

1期目	2期目	3期目	5期目	8期目	9期目
4	2	2	1	1	1

議員定数（カッコ内は人口）

・市議会

22人（4万7千）　24（4万）　30（6万）　33（19万1千）　40（33万）
48（44万）　70（新潟市合併後の特例措置・53万）

・町議会

14(4300)　14(4500)　14（5000）　18（5000）

所属委員会

厚生　3　総務　4　産業建設　3　議会便り編集　2
青少年問題　町づくり特別政策　市政委員推薦　市政調査会　克雪防災特別　各1

所属会派

民主クラブ　1　日本共産党　2　社会民主市民連合　1　啓成会 1
民成クラブ　1　創造21　1　無所属または会派制度なし　4

議員以外の仕事

治療院経営　5　団体役員　2　団体勤務 1　商業　1　無し　1
無回答　1

【問１】選挙の際、障害を持った候補者として、どのようなことに苦労しましたか。
その克服方法は。

・苦労したこと（カッコ内は克服方法・複数回答）

〇移動に苦労した　4
（妻の手助け　1　　ボランティアや労働組合員の支援　1）
〇戸別訪問
（一人ででも回るようにした　1　　歩き回らず人の多いところでビラ配り　1）
〇握手、手振り、挨拶　7
（そばにいる人におそわる　6　　声のする方に手を出す　2）
〇顔と名前が記憶できない・反応がつかみにくい
（誰も平等に扱う　1　　集会の最後に眼が不自由なことを訴える　1）
〇届け出書類の記入等　2
（兄弟や事務局が手助け　1　　後援会員が援助　1）

【問２】あなたが初当選なさった時、見えないというハンディに、行政はどのような対応をしましたか。あなたが要求したことがあれば具体的に。そのうち要求が通ったことはなんですか。

・対応事項

点訳・音訳者の確保	2	点字ブロックの敷設	2
パソコン点訳システムの導入	2	エレベーターの音声化	2
タクシー利用幅の拡大	1	時的な対応無し	3
職員・同僚議員が適宜対応	2	自席に電源を設置	1

・要求事項

無し	4	議長選挙を点字投票で	1
視察、出張時に職員が随行	2	資料その他の点訳、朗読	2
点字ブロック、点字表記、案内板、音声誘導装置等の設置	3		
朗読職員の配置	1	資料のフロッピー化	3
議場に盲導犬を	2	テープレコーダーの使用	1

・実現したこと

議長選挙を点字投票で	1	一部資料の点訳、職員による朗読	1
視察に職員が同行	1	資料のフロッピー化	2
点字ブロック、点字表記、案内版、音声誘導装置等の設置	3		
職場に盲導犬を			

【問３】議案書等議会資料の配布について

ア　議事録、議案書、予算、決算、議事日程など、点字または録音テープ、フロッピーディスクなど、あなたが利用できるかたちで配布されていますか。

はい　５　（点字２、フロッピー2、点字・フロッピー併用１）
いいえ　５
記入無し　１

以下、はいと答えた方にお聞きします。

イ　一部が点訳、音訳、フロッピー化されている場合、どのような資料ですか。具体的に。

点訳―A 議事録　議案書　予算概要　決算書　議事日程
（膨大なものは委託事業で外部発注）
B議案書　議事日程　予算書　場合により条例文など。
C日程　市政執行方針　予算概要　請願　陳情　委員会配布資料
（タイトルのみ）
フロッピー―A助役説明のもの。
B役場内で作成された文書はほとんど。
C数ページに及ぶ資料。

ウ　点訳、音訳、パソコン入力をしているのは、どのような人ですか。

職員　５

エ　公的補助はありますか。あれば具体的に。

ある　１（点訳外部委託分）
ない　３
意味が分からない　１
その他　財務ソフト変更のために当初20万円ほど使われた　１

オ　関係部局の冊子、パンフレット、イベントの案内などはいかがですか。議会事務局以外での点字化の取り組みがあればお聞かせください。

点字化の取り組みがある　２―Aほとんど点字化されている。
B要望に応じて点訳を要求。
点字化の取り組みなし　４―A随時フロッピーにコピーして自力で読む。
B自分でまたはボランティア、家族で点訳。
要求しない　１
無回答　４

【問4】議会活動における介助者について

ア　公的に介助者をつけていますか。つけている場合どのような介助者ですか。

つけている　２（職員１ 事務局員１）　　つけていない　９

以下、イ～オは公的介助者のいる方のみお答えください。

イ　介助の範囲は決められていますか。

きめられている　　２　（議会における公的なイベントと出張のみ職員が対応　１ 常任委員会視察のみ事務局員が対応　１） きめられていない　０

ウ　介助者の報酬はどうなっていますか。

全額公費　２

エ　自己負担がある場合、その割合と具体的金額をお書きください。

自己負担　なし

オ　委員会活動や管外視察、個人視察の介助はいかがですか。

個人視察はだめ　１ 個人視察はボランティアをたのみ費用は調査研究費から捻出　１

カ　その他、議会活動で介助者の必要を感じるのはどんなときですか。

議場や委員会で資料を配布されたとき　４　　外回りのとき　１

【問5】会議場内への機材持ち込みについて

ア　条例や規則で持ち込みが規制されていますか。

規制されている	７	いない	２
わからない	１	必要ない	１

イ　規制があるのはどのような品目ですか。

録音機	５	杖	３
携帯品その他	１	特別なものすべて	１
帽子・外套・襟巻き・傘	１	写真機	２

ウ　白杖、録音機、パソコン、拡大読書器など、持ち込んでいるものがあれば具体的にお答えください。

白杖	５	パソコン	２
録音機	１	点字板	１
特になし	４		

エ　盲導犬についてはいかがですか。

許可されている	2	傍聴は可能だが議場はまだ	1
特に規制なし	1	使用していない	1
不明	2	無回答	4

【問6】議事録署名について

ア　どのように署名していますか。

墨字	5	点字	1
代理	1	署名していない	2
署名人リストからはずれている	1	必要を感じない	1

イ　代理の場合、どのような人ですか。

職員	5

【問7】会議場内での議長選挙などの投票方法について。

ア　点字投票は認められていますか。

認められている	2	認められていない	6
不明	1	無回答	2

イ　あなたが実際に行っている方法は。

墨字	7	点字	1	代理	3

【問8】一般質問について

ア　時間、回数の制限はありますか。

ある	11
質問回数のみ制限	5（3回まで）
時間のみ制限	3（90分　60分　30分）
時間と回数制限	3（1時間1回　1時間2回　1時間3回）

イ　質問内容は福祉関係でしょうか。全般的な課題でしょうか。

全般的	6	福祉中心	3
半々	1	特に決めていない	1

ウ　質問原稿の作成と、読み上げはどのようにしていますか。

・原稿作成

パソコン	4	墨字	2
点字	1	原稿は作らない	1
要旨を同僚議員に書いてもらい通告	1	無回答	2

・読み上げ

点字原稿を読む	4	暗記し口頭で	3
要点を点字でメモ	1	無回答	3

エ　昨年１年間にした主な質問項目をお書きください。（いくつでも）

市議会		町議会	
市議会のありかた	1	健康福祉の町づくり	1
人権行政改革	1	医療・保健・保険の基盤整備	1
改革行政	1	ケースワーカー制度	1
雇用対策	1	高齢者の消費者保護	1
都市計画道路	1	福祉タクシー制度	1
交通バリアフリー	2	男女共同参画社会に向けた取組み	1
街づくり	1	子どもたちの安全対策	1
私鉄駅改造計画	1	保育園の延長保育料	1
道路運送法改正に伴う交通対策	1	社会福祉協議会とのかかわり	1
障害者の選挙制度	1	公共施設のバリアフリー対策と進捗状況	1
介護保険	2		
精神障害者福祉	1	交通バリアフリー	1
社会福祉法と障害者福祉施策	1	地域 IT 化計画	1
健康長寿高齢者について	1	公害問題と対策	1
福祉制度環境整備	1	工業団地分譲の見通し	1
市立病院関連	1	森林整備と今後の対策	1
社会福祉協議会関連	1	下水道問題	1
普通学級で学ぶ障害児への対応	1	ＩＴ講習会と情報公開	1
歴史教育と教科書採択	1	情報格差の是正	1
福祉教育	1	町長３期目の施政方針の課題	1
学校評議員制度	1		
ユニバーサルデザインに基づく体育館建設	1		

市議会		町議会
ファミリーサポートセンターなどの教育環境について	1	
NPO 法人の支援	1	
国体の準備状況	1	
史跡保存	1	
IT 講習会	1	
緑化施策	1	
下水道	1	
ゴミ焼却場とリサイクルプラザ	1	

【問 9】委員長等役職をされた時、特別な対応がなされましたか。

はい	1	（議員と十分な打ち合わせをし、発言者には名乗ってもらった）
いいえ	5	
役職経験なし	3	
無回答	1	
必要なし	1	

【問 10】テレビ中継、有線放送などで公開されていますか。
公開されている場合、どんな方法ですか（複数回答）

公開されていない	3
公開されている	8
ケーブルテレビ（後日編集されて放送されるものも含む）	4
役所内放送	5
有線放送で質問要旨のみ放送	1

【問 11】議会への主な移動手段（複数回答）

徒歩	5	車	6	バス等	3

【問１２】関係部局との対応について。

ア　担当者とのやりとりで不都合を感じたことがありますか。それはどんなことでしょうか。

ある	３
（地図や図面の説明 ２　その場で資料を提示されたとき １　内線電話番号がわからない １）	
ない	８

イ　冊子、パンフレット、イベントの案内などはいかがですか。議会事務局以外での点字化の取り組みがあったらお聞かせください。

ほとんど点字化されている	1
ボランティアにより観光ガイドを一部点字化	1
役所で作成したものはほとんどフロッピーでもらえる	1
必要に応じて点字化、冊子等は表紙に点字をはる	1

【問１３】視覚障害者議員として特に配慮されていることがあればご記入ください。

視察、研修などに盲導犬使用可能なところを選ぶ。
調査研究費のタクシー枠を他議員の２倍に。
特別扱いにならないように配慮。
事務局からの連絡は極力メールで。
資料のフロッピー化を徹底。
資料などの配布時にさりげなく声をかける。
議席の決定は希望通りに。
事務局が誘導する。
特になし　　５

(以下は議会活動以外の質問です)

【問１４】あなたはマスコミ情報や専門誌等の情報をどのような方法で得ていますか。

(複数回答)

テレビ	９	ラジオ	７
点字雑誌	４	録音テープ	８
対面朗読	５	インターネット	５
その他（新聞）	１		

【問15】役所・役場のバリアフリー化は進んでいますか。どのような取り組みがなされたか、具体的にお書きください。(複数回答)

段差解消	1	点字ブロック	1
音声案内	3	点字表示	4
エレベーター・エスカレーター設置	2	手話通訳配置	4
盲導鈴	2	館内配置図点図化	1
車椅子駐車場	1	車椅子用トイレ	2
玄関スロープに屋根を設置	1	特になし	3

【問16】あなたの市町では視覚障害者の職員の配属や採用はありますか。

ある　2
（ただし弱視まで　1　　嘱託職員として障害福祉課に1名　1）
ない　9

【問17】あなたの市町では職員採用年齢は何歳までですか。

25才まで	26才まで	29才まで	30才まで	32才まで	35才まで	その他(注)	不　明
1	1	1	4	1	1	1	1

注：第1種一般職・28才、第2種一般職・22歳、技術職・26才

【問18】あなたの市町で抱えている課題を3つあげてください。

市　議　会		町　議　会	
行財政改革	4	市町村合併	2
市町村合併	3	横断歩道の音声誘導の整備	1
ゴミ対策・環境問題	1	側溝のフタの整備	1
少子化・教育問題	1	少子化に伴う保育園小学校の統合問題	1
高齢者対策	1	下水道整備	1
政令市問題	1	第3セクターの運営	1
ワールドカップ	1	少子化・過疎化・高齢化	1
競馬組合の赤字問題	1		
庁舎エレベーター設置と音声誘導	1		
バリアフリーの街づくり	1		
小・中学校の部活動から社会体育への移行	1		
下水道整備	1		
中心市街地の空洞化	1		

【問19】ご意見がありましたら自由にご記入ください。

・総会を大分でやりませんか。

・資料と選挙公報(市町村選挙)の点字、または音声化。

・職員活動費に障害者補助の制度化(車の運転ができないため)。

・福祉、環境、教育、経済すべてに問題意識を持って対応していく心構えを持ち続けることが大切であるが、議論を深める人や場所があまりにも少ない。障害者議員としては積極的に活動していく気力、体力、持続力を失わないように自分を高めていくことが欠くことのできない条件である。日常の生活を見失うことなく今やらなければならないことを考え、行動していくしたたかさも必要だ。行動こそが道だと思う。

・非常に広範な解答枠で結構時間を必要としましたが、それだけに貴重な資料になりそうです。普段顧みることのなかったものも多く、あらためて身辺を点検するきっかけになりました。他の方のケースを参考にして環境改善をはかるきっかけにしたいと思っています。

・結果はぜひマスコミにも発表してください。視覚障害者議員のアピールと誘発、それに環境改善を押し進めるきっかけになりそうです。

【付録】趣味(人気のある順)

インターネット	4	マラソン	2
水泳	2	ギ　タ　ー	2
読書	2	登　　山	1
盲人野球	1	遊ぶことなら何でも	1
社交ダンス	1	古典の研究	1
歴史散策	1	音楽鑑賞	1
うまいイタ飯やをさがすこと	1	酒	1

以上

「視覚障害議員支援の制度化を」

2003年2月10日
東京大学助教授　福島　智

このほど、視覚障害者議員ネットワークが「視覚障害者議員の議員活動における実情調査結果」をとりまとめた。視覚障害を持つ全国各地の市議会・町議会議員11人が回答を寄せている。一読して、その回答の背後にある一人一人の議員の苦労を思った。

まず、選挙活動の段階から始まり、議員活動においても重要な意味を持つ「市民とのふれあい」において、大きなハンディがある。街頭での市民との握手、手振り、挨拶といった基本的な「コミュニケーション」をこなすにも、半数以上の人が困難を感じている。

視覚障害者は声が聞こえるからコミュニケーションにハンディはないだろう、と良く誤解される。しかし、たとえば、不特定多数の人から次々と声をかけられるような場合、相手がどんな人なのか分からず、声だけでは顔と名前も一致しにくい。まして、視線や表情に込めた「無言の訴え」を読みとることなどは不可能だ。だが、こうした「サイン」を受けとることこそが、議員活動にとって大切な要素だろう。この「コミュニケーションギャップ」を埋めるには、周囲の状況や人のようすなどを伝えてくれるサポート役が必要だ。

次に移動の問題がある。地方議員にとって、市民の生の声を聞いて回るには、市内・町内をくまなく移動することが不可欠だろう。ところが、その移動の手段の確保にもハンディがある。

視覚障害者にとって、慣れない場所での単独歩行には危険が伴うので、介助者が必要だが、その介助者は公的に保証されていない。かといって、一般の議員のように自分で乗用車を運転することもできないし、都市部以外では地下鉄などの公共交通機関も未整備な地域が多い。

こうした困難への対処としては、徒歩で移動する際の介助者を保証すると共に、議員活動に関する移動のためのタクシー利用枠の拡大などの取り組みが有効だろう。しかし、視覚障害者議員が就任後、議員活動用のタクシー利用枠が拡大されたのは、11例中、わずか1例だけである。

視覚障害議員の議員活動にとって、最大のバリアとなっているのは、「情報」ではないだろうか。すなわち、議会資料や社会情勢に関する種々の情報の入手・収集等に困難が伴うということである。

たとえば、「議事録、議案書、予算、決算、議事日程など、点字または録音テープ、フロッピーディスクなど、あなたが利用できるかたちで配布されていますか。」（問3）という問いに対して、「はい」と回答した議員は、11人中5人だけであり、その5人も、詳細に尋ねると、ごく一部の資料しか点字や録音、フロッピーで提供されていないケースが多い。なかには、「委員会配布資料(タイトルのみ)」などの記載もあり、愕然とさせられる。

とりわけ注目されるのは、なんらかの「情報提供」がなされている、と回答した５人に対して、「点字、音訳、パソコン入力をしているのは、どのような人ですか」と尋ねた問いである。これには、全員が「職員」と回答しており、そのうち、「一部の資料の点字化は外部委託」と付け加えているのが１例のみである。

このことは、市や町の職員が本来の職務の傍ら、いわば「サービス」として視覚障害者議員への情報提供を行っていることを示しており、特別な予算措置はなされず、サポートスタッフの配置もまったくない、という現状をものがたっているだろう。

このように見てくると、視覚障害議員には、「コミュニケーション」と「移動」と「情報」という三つの側面に多重的なハンディがあることが分かる。しかも、それにもかかわらず、こうしたハンディをおぎなうための制度的な支援体制はなんら確立されていない。

議員は市民の権利と利益を代表する存在である。そして、その市民のなかには当然障害者も含まれる。国民の 20 人に一人は障害者であり、高齢化率も世界最高水準に達しているわが国において、障害者議員の担う役割は今後ますます重要になるだろう。

その意味で、国会や地方議会において、ハンディのある議員が存分に活躍できる環境を整えることは、障害者や高齢者を含めただれもがのびのびと暮らせる社会づくりに貢献する政治をめざすことにつながるのではないか。

視覚障害議員の議員活動を支援する仕組みづくりも、そうした流れに沿う重要な取り組みの一つだといえるだろう。

ふくしまさとし・1962 年兵庫県生まれ。
9 才で失明、18 才で失聴し、全盲ろう者となる。
東京都立大博士課程（教育学）修了後同大助手、金沢大学助教授をへて、現在、東京大学先端科学技術センター助教授

JBS 特集　座談会

視覚障害者議員としての誇りと重み

JBS 日本福祉放送　2002 年 10 月 21 日～27 日放送

（ナレーション） 視覚障害者議員ネットワークは視覚に障害を持ちながら議員活動をしている人たちによって 1999 年 8 月に超党派で結成されました。

年 1 回の総会を開き、情報交換や政策の研鑽、省庁への申し入れなどを行っています。座談会は 2002 年 10 月 7 日参議院議員会館会議室で収録したものです。

出席者は堀利和（参議院）、田村敏明（京都府夜久野町議会）、牛窪多喜男（埼玉県川越市議会）、後藤良憲（大分県大分市議会）林道夫（高知県夜須町議会）、藤田芳雄（新潟県長岡市議会）、及川清隆（岩手県水沢市議会）の 7 人です。

（堀利和） 私は堀利和です。代表をつとめさせていただいています。

視覚障害というハンデを持ちながら、地方議員として活動するのは本当に大変なことだと思います。そういう苦労やら、なぜ自分が地方議員をめざしたか、さまざまな思いを含めて、一人ひとり声を聞かせていただければと思います。及川さんから。

（及川清隆） 岩手県水沢市の及川清隆です。年齢は 50 才になりました。1 期目です。平成 7 年の選挙では落選致しまして、これは 1 ヶ月足らずの選挙期間しかなかったので、結果を出せなかったからです。

議員になろうと決断したのは、決断させられたというのが実状でした。福祉を地域に根付かせるには、議員になるのが早道ではないかという話が発端で、だんだん、及川清隆が議員に出るそうだという話になって広がってしまいました。

その後、目の見えないものがなぜ議員になれるんだとか、議員になって何ができるんだ、むしろ皆さんのお世話になる立場でしょ、というような電話が何本かありました。それが結果として私に火をつけてしまったのです。当事者みずからが福祉施策にきちっと意見を反映させようと立候補し、現在にいたっています。

現時点では、福祉施策、特に障害者関連施設の整備の充実、それからソフト面での充実等をはかりたいと、頑張っているところです。

今、苦労しているのは、なんといっても情報入手ですね。その時々の情報が、他の議員と比べてなかなか手に入りにくいことが大変です。行政関連の情報も含めてですが、情報さえきちっと入れば、同じ土俵に立って論議を深めることができるのに、という思いを、一番強く感じています。

（堀） ありがとうございます。次は、牛窪さん。

（牛窪多喜男） 埼玉県川越市議会議員の牛窪多喜男でございます。

まず、私が市議会議員になりたかった理由ですが、昭和63年（1988）ソウルで行われましたパラリンピックに柔道で出場しまして、金メダルをとることができました。それから講演活動がはじまり、各学校、施設、町村ライオンズクラブ、ロータリークラブなど、あちこちでお話しをさせていただく機会が多くなりました。年間数十回の講演活動の中で、いろいろなことに気が付きました。

障害者が悩んでいるということは、その家族は当人の数倍悩んでいる、そして高齢者のケアをするのは、その家族、孫子の代までしわ寄せが及ぶということに気づかされました。その中で、私がどういう仕事をしていったら社会に役立つかを考えたところ、やはり議員活動ではないかと思い、50代を過ぎた第二の人生をまっとうするためにこの道を選びました。

議員活動をしていく中で、障害者に対してどのようなお手伝いをしたらいいかとか、実際的な部分に、行政や、いままでの議員さんが見逃している構造があることに気付きました。よほど無理なお願いでないかぎりは、障害当事者としてお話ししますと、割合スムースに前へ進んでいくというのが実感でございます。やはり当事者が手を挙げて、本当にしてもらいたいことを訴えていけば、社会も取り入れてくれるような状況にあるんだということを、喜びとともに認識いたしました。これからもそういうことを念頭におきながら、市議会議員の職務をまっとうしたいと考えております。

（藤田芳雄）新潟県長岡市会議員をしております、藤田芳雄でございます。

私の後援会の名前は「藤田芳雄プラスワンの会」という名前です。プラスワンは、まあ、ワンというくらいですから盲導犬のことですが、今日も盲導犬のオパールと一緒に来ております。選挙もオパールと一緒に戦いました。おかげさまでトップ当選をさせていただきましたが、オパールへの票が半分以上あるのではないかといわれています。

長岡市民の、障害者も健常者もないというボーダーレスのものの見方を、私自身は高く評価しています。障害者だからどうだとか、健常者だからどうという考えすでに遠くの方へ行ってしまったのかな、という気持ちでおります。ただ、実際の政策の中ではまだまだ障害者の差別、あるいはまた施策の遅れ等々たくさんあるものですから、障害者施策を重点に、そのうえに、緑化施策、男女共同参画問題、歩道段差などハード面での改革などにもしっかり目をむけるようにしております。

（林道夫）高知県の郡部になりますが、人口4000人の夜須町というところで町議会議員をさせていただいている、林道夫といいます。

ぼくの場合は、たまたま地元の議員の方が辞められるに当たり後任を探していて、ウチにも話が来たんですが、その段階では、林さんは目が悪いから無理だよね、という感じでした。ぼく自身は、本当にできないのだろうか、という程度の疑問はありました。堀先生のことも存じ上げていましたし、目が見えなくても努力をすれば議員活動をすることは可能なんじゃないかと、感じていました。そのようなことを先代の議員と話をしているうちに、それ

じゃ応援しましょうということになり、立候補したわけです。

ぼくが出るにあたって、障害者団体とか視覚障害者の連盟のようなところの支持は受けていません。夜須町は 14 人しか議員がいないんです。その 14 分の 1 ということで、あまり障害者がどうこうとか、障害者問題がどうこうという偏った質問ではなく、なるべく町全体のことに関して活動をしていくように心がけています。

（衛藤良憲） 大分市議会の衛藤良憲です。

私はもともと 20 年間くらい、視覚障害者の福祉を中心とする活動に携わっていました。大分の盲人協会の役員等をしていくなかで、お札の識別マークに象徴されるように、当事者でないと理解されにくい部分が多い。福祉をもう 1 歩進めるためには障害者自身が政治、政策立案にかかわっていくことが必要だという思いの中から立候補しました。

まだまだ障害者にたいする差別、偏見が横行している。男女共同参画社会といいながら、女性の議員さんは少ないし、管理職の女性の登用も少ない。そういう理念を高く掲げるだけではなくて、その理念に近づくための実践をしていきたいと思っております。そういう意味で、一人でも多くの障害を持つ方が議員になられる夢を持って、立候補していただきたい。

（田村敏明） 京都府の北の夜久野町というところで町会議員をしておりますが、立候補したのは今から 10 年前、現在 3 期目でございます。この議員ネットワークの事務局をつとめさせていただいています。

立候補のきっかけは、組織の関係もありまして先輩の議員からすすめられました。目が不自由だということで断り続けておりましたが、知人等からもすすめられて出馬しました。

地方ですので、立候補を決意したとたんに、組織の一部や親戚、地方議員からも疑問の声があがりましたが、かえってそれがバネになって、頑張ってきたということもございます。

議員になってから 10 年ちかく、やはり障害者ですから、障害者問題を中心にすえてやってきました。けれども、地方の 5000 人くらいの町でございますから、教育の問題や、環境の問題、そして人権の問題、さらには、街づくり全般のいろいろな課題を抱えております。障害者問題だけでなくて、街づくり全般について訴えていくことが大事だということで今日までまいりました。

以前から、ネットワークを作りたいという願いを持っておりました。前回の統一選挙の時に、視覚障害者の議員が全国に誕生しましたので結成の運びとなり、情報交換しながら、議員としての活動ができるようになったことを、大変うれしく思っております。

（堀） これで、全員の紹介が終わりました。

議員活動でどんなことに困って、どのように解決しているのか、その辺のところがリスナーの方たちも興味があろうかと思いますが、その前に、あえて議論をしたいと思います。

実は、イギリスには全盲のデイビット・ブランケットという大臣がおられます。この方は視覚障害者であっても、決して視覚障害者としての議員、大臣ではない。いうなれば一人の

国民としての議員、大臣であるというお考えを持っておられます。障害者という立場で議員なり福祉政策を進めたいという動機なり立場の問題と、あえて障害者の立場をはなれた、1市民、議員として、一般的な政策を進める中で、視覚障害者としての役割もはたしている。ネットワーク会員の間でも、問題意識のウェートはどこにおいているか、おくべきかの話がたびたび出ます。それについてのご意見をお願いします。

(牛窪) 二通りの見方があると思います。たぶんデイビット氏もそうだと思いますが、障害者団体をバックボーンにして選挙を戦うのは非常に戦いづらく、弱いです。

今、電子投票システムというのを進めておられますが、こういうシステムが障害者に使いやすいシステムか、障害者の意見を採りやすいシステムができており、それをバックボーンにして戦うならば、私は障害者の代表であるとはっきり言って出られる。全国を対象にするならば、障害者の数もそうとうありますが、1市議会、1町議会の中からの障害者の代表となりますと、なかなか数はでないのです。選挙を戦って、まず議席を確保しないことには仕事はできません。ですから、私は正直に市民全般の事を考えて、障害者自身のことだけでなく、障害者の身の回りのこととか、障害者に目を配っていただける人にまで賛同をいただいて、議席をとり、その中で少しずつ仕事をすすめたいと思います。それは、柔道の寝技の考え方です。

施策を全うする場合、木登りと同じで、てっぺんに目的の施策があっても、一つ目、二つ目の木の枝を飛び越して掴もうとすると落ちてしまう。まず、自分の置かれている立場をよく考えて、足下を固めてから手を伸ばす。将来的に理解をしてくれる人が大勢出てくれば、その中で自分の色をはっきりと出して戦うことができますが、今私は無所属であり、すべての人に役立てるような施策をたてて、しっかりと足下を固めている段階です。

(堀) 私たち障害者が議員になりますと、二つの声がきこえてきます。一つは重度の障害者、またはまったく目が見えないのに、ずいぶん頑張ってるじゃないかという声。結構マスコミも応援してくれます。政治不信の中で、障害を持つ人がやることはきれいで庶民の味方である、という思いを込めて、前向きに評価し応援してくれる。もうひとつは、先ほどの発言にもありましたように、目の見えないものに何ができるのか、やめろと、否定的な声です。

藤田さん、前回の選挙で、いい意味でマスコミに取り上げられたのですが、どんな風にお考えですか。

(藤田) 幸いトップ当選しましたが、必ずしも障害者施策をすぐにやれということではないと思いました。障害者の目を通した障害者施策をやれということもあるでしょうが、全般的な施策を期待する票が多かったのではないかと思います。それでは、障害者施策はだれがやるのかといえば、障害当事者である私です。今一番必要なものは障害当事者の声が障害者施策に反映されることです。当然ながら障害者の一人として私が責任をもってやる、ということで施策に臨んでいます。

（堀） 衛藤さんはどうですか。

（衛藤） 私は、理念、理想として、プランケットさんのいわれることは大切なことだと思います。イギリスの特にソフト面の状況はつかめませんが、やはり世間は視力障害という目で見ると思うので、われわれも、そう見られると思います。いくら健常者と同じ気持ちで、同じ立場でそこに原点をおいたとしても、結果として視力障害者議員という見方をされると思います。

私は選挙に出るときは障害者議員ということで良いと思うんです。統計上人口に対して3%くらい障害者がいる。国会議員も含めて議員と名の付くものは、日本では６万数千人といわれていますが、そのうち３%くらい障害者議員がいて当たり前ではないでしょうか。

最終的には障害者議員がいることが当たり前の社会、というのが理想で、そこに行き着くまでの間は障害を背負っていくのがいいのではないか、私はそう思っています。

（堀） 及川さん、林さんもそうですけど、障害者に何ができるかという、不信感を含めた声がある中、それをバネに選挙に出て当選されたと聞きました。今は、どんな状況ですか。

（及川） 私は、自分の考えていることを行政施策の中に生かしていきたいというのが原点で立候補したわけです。一般質問は基本的にやりたい。はじめは、一般質問の中で立候補したときの反発、いわゆる不信感をどう払拭して受け入れていただくかと、考えながら努力してきました。

質問には三つの視点を決めました。ひとつは、障害者にかかわる施策の問題、もう一つは、地域、私の町の問題。それから、市民として見た、市の全般的な施策。この三つにポイントをおいて、障害者議員としてのこだわりは持たないようにしています。健康な人が健康を逸脱したときのためのセイフティーの環境づくりを考えています。たまたま私が、健康な一般市民より早く健康を逸脱してしまったという視点で、社会環境を構築し、行政施策に生かしていければ、これは障害者であろうが、なかろうが、住民代表としていいのではないでしょうか。

そのような考え方を皆さんと共有していただく努力を、議員としてやらなければならないし、自分の活動を常に地元に報告する努力も必要です。皆さんおはなしのとおり、視覚障害者関連団体の基盤は弱い。19条問題やいろいろな問題がありますけれど、小異を捨てて大同につくのは非常に気楽だと思います。

（堀） 私も少し意見を言わせていただきますが、障害者が選挙で議員になることは、すごいなあ、とマスコミも取り上げます。これはこれで素直に受け止めていいと思います。その時に障害者議員であるというだけでは、１年か２年が賞味期限なんです。このさきもそれではだめなんですね。障害を持っているから応援してもらえるのは、最初はいいのですが、だんだん空しさが生まれてきます。一人の議員としてなにかを成し遂げなければいけないが、障害当事者として応援してくれた人たちからはなれた議員活動をするわけにもいかない。このジ

レンマですね。

こういうジレンマを感じることはありませんか。

（衛藤）立候補したときにお金がかかるといわれました。障害者が議員になるとバリアフリーのためのお金がかかると、一般市民の方にいわれました。そのことにこだわって、じつは議会に出たときに議場のバリアフリー化の話を断りました。議場の中は事務局の人に介助していただけばよいということで。改造していたら、５千万ほどかかっていたと思います。とかく世の中は、障害者議員が出たから議会棟のトイレを車いす対応に改造するとか、点字ブロックを敷いてバリアフリー化はすんだという議論になる可能性があります。それはいやなので、議会の改造はいっさい断りました。そのころ玄関は自動ドアではなかったんです。自動ドアにしますがどう思いますか、と聞かれましたので、こういいました。「議員のみなさんが望んでいるならどうぞ。私個人としてはお願いする気はありません」。はっきりしておかないと、結局私が出たためにお金がかかったことになりかねなかったからです。

もうひとつ。世の中全体をバリアフリー化する事が我々の使命であって、私個人のためにはやってほしくない。私のためにつかう予算があるならば、それで歩道の点字ブロックを10センチでも延ばしてほしい。その点をきっちりとわきまえる必要があると思います。

（田村）もう10年近くなりますが、やはり障害者問題、バリアフリー問題を中心にすえまして、議会では徹底して取り上げています。当選当時は、あすこまでいわなくても・・・、という声も聞こえましたが、最近はあまりいわれなくなりました。

私の町も高齢化が進んでいまして、障害者、社会的弱者の代弁者としてやっていかなければならないと思っています。特に議会では障害者問題、福祉問題は専門的につっこんでいますので、障害者問題は田村にまかせておけという空気になっています。

当選当時は、地方の町のことで、古い公共施設などもたくさんありましたから、バリアフリー化はできていませんでした。ちょうど中学が統合問題で新しく校舎を建てましてエレベーターをつけたところ、当初教員の皆さんから疑問の声が出ました。しかし今ではつけておいてよかったといわれています。

私も議会のバリアフリーは要求せずに、街づくりでは、市民の代弁者として徹底してやっています。古い建物から順次バリアフリーを進めて、皆さんに喜んでいただいていると思っています。

（林）自己紹介でいいましたが、自分自身が障害者の支援をうけるという自覚があまりないので、全般的な質問をしています。けっして、障害者問題を取り上げないわけではありません。あえて障害者問題に限定しなくても、建設などの質問をしても、障害当事者の話として、そういった接点は含まれてきます。そういうことでいいのではないかと思っています。

（堀）話を進めたいのですが、なにかいま話し合っておきたいことはありませんか。障害と向き合った議員としての立場と、それから離れたいという気持ちもあると思いますが。

（藤田）障害者問題をはなれて一般的な課題をテーマにしますよね。林さんが言われたように、やはりそこには障害者問題が入ってきます。特にバリアフリーなどはそうです。私が障害者対策にふれないと、執行部の方から、遠慮しているのではないかと、問い合わせがくることがあります。執行部では、障害者施策は藤田しかいない。逆に言えば、藤田がいわなければ誰もやらないよ、と考えているようです。そのような意味では、障害者施策専門でもいいかなと思っています。男女共同参画ならそればかり、環境問題ならそれだけを専門に質問していて、批判をされる人もいますが、スペシャリストとしてそれはそれでいいのではないでしょうか。それだけしかできないというのは問題ですが。

（牛窪）自分が議員として仕事をしていて、よかったと思えることは、文部省の福祉事業で障害を持ちながら議員をしているとか、スポーツをしているということで、社会の中でどう生きていったらいいのか、生きる力を育むという事業をいくつかやらせていただいています。その中で、「私元気に見えますか、私かわいそうな人ですか」って、最初に聞いてみます。答えは、全然そうは見えない。そんなことが子供たちが政治に関心を示すきっかけになるかもしれません。子供たちの中には学力がとぼしい子もいれば、運動能力が少ない子もいます。あらゆる時、どのような立場からも自分が志した仕事に向かっていく姿を、議会だけでなく、普通の社会に向けてアピールできる場をもてたことが、議員になってよかったと思えることの一つです。

　私が障害を持っているから、あるいは盲導犬をつれているせいかもしれませんが、子供たちは先生に話すより話しやすいようです。たとえば、おとうさん、おかあさんは、社会で役に立てるように勉強をしなさいと言うけど、僕は勉強がにがて。どうしたらいいんだろう。なんて聞かれることがよくあります。そんなとき、自分の身の回りのことがしっかりできれば、必ず仕事もできるようになると、胸を張っていえるのは、議員活動をさせていただいているおかげではないかという気がします。

（衛藤）この数年、視覚障害者でも立候補できる世の中になってきたのはまちがいありません。20 年前では不可能だったでしょう。

　乙武さん効果を含めて、障害者が世の中にうけいれられるようになったというのが、一番大事なことです。視覚や聴覚に障害を持つ人が議員になることだけでも、その地方の大きな財産だと思います。

（牛窪）時代が変わったことを強く感じますね。

（堀）10 年前では、こういったネットワークも作れなかったでしょう。

（牛窪）20 数年前にパラリンピックの水泳が放映されたことがありましたが、その放送は 1 回でうち切られました。たぶんまだ受け入れられなかったのだと思います。それが今では、視聴率も高くなっています。大きな時代の流れを先輩たちが作ってくれたんだという気がします。

（堀）視覚障害者議員としての責任、誇りがある一方、重みといいますか、自分にまとわりついてくるような、わずらわしさもあるでしょう。

私自身、国の政治、政局の中で一つの政治行動をとったとき、おまえは障害者の中だけでやってればいい、政治に口を出すなと言われたことがありました。ショックでしたね。これからもあることだと思います。

（及川）視覚障害に限らず、障害者が議席をえるのが当たり前になるような、障害者自身に積極性をもってもらいたい。企画立案の段階からかかわっていくことで、社会全体も変わっていくと思います。

（藤田）自分では視覚障害ということを忘れていることが間々あります。まわりもだんだんに気にしなくなりますね。

（牛窪）障害があることを認識しないこともよくあります。しかし障害とともに歩くためには、まず障害者として自分が障害者であることを認識し、現実を受け入れなければ一歩も進みません。今の日本の社会は高齢社会といわれます。私は高齢ではない、若いのだというのは問題の先送りです。実際には 60 才になると 60%の運動能力がうばわれるという数字が出ていますし、100 才になっても老々介護の心配をしなければならない社会がある。

まず、問題の認識をする。例えば障害者が 3%といわれましたが、本当かな。手帳を持っているのが 3%。手帳を持っているために、結婚、就職が難しくなるから 3%なのです。自分自身が障害者であることをいやというほど認識し、その中から仕事をしていかなければならないと、常に思っています。

高い所に目を向けて、今はこういうやりかたでいく、というのが私の考え方です。

（田村）同僚議員と一緒の視察や議員活動をする中で、気軽に手引きしてくれたりするようになったことも、ノーマライゼーション、バリアフリーの一つの現れではないかと思います。

（堀）今回はじめて視覚障害者議員の議員活動がどのような状況にあるか、アンケート調査を行いました。11 名の議員の解答をまとめ、評価は今後してゆきたいと思っていますが、アンケートのテーマである、議員活動の中で視覚障害者というハンディをどのような形で克服しているのかをお聞かせ下さい。最大の問題としては情報処理と移動ですね。

まず、情報処理からご意見をどうぞ。

（及川）基本的にデータはフロッピーでもらっています。ごく一部の必要な議案だけです。移動についてのサポートはありません。

（牛窪）盲導犬がいるので、移動については問題はありません。ただ、情報につきましては問題があります。議員活動をしてみて痛烈に感じるのは、1 期目では物事を進めるのが非常に難しい。発言権も議場では発言権があっても、実際に議員同士のコンセンサスをとるために話をしてみると、力の関係でなかなか聞き届けてもらうことが難しい。ですから 1 期目はあまりこだわっておりません。じつはいやというほどこだわっていることがあるんです。一番こ

だわっているのはパソコン。これは視覚障害者にとっても、健常者にとっても差別のないユニバーサルデザインだと思います。これを２期目以降は押し進めて、情報がだれでも取り出しやすくする。今までの議員の方も努力してこられましたが、我々も努力し、進めていきたいと思っています。

（藤田） 議会の文書はだいたいメールできます。するとリアルタイムで自宅で見られますから。新聞その他の情報は、スタッフの中に情報を集めてくれる人がいて、朝頼んでおくと夕方にはメールで送ってくれますので、不自由はありません。それもパソコンがあればこそです。

移動については、私も盲導犬がいますので、登庁、退庁は一人でできます。視察はいろいろ議論がありまして、盲導犬をつれていってもいいとか、わるいとか、ボランティアに頼んだこともありました。最終的には事務局から一人付き、現地の説明やらなにやらやってくれることになりました。

（林） 役場で作られた文書については、データになっていることが多いので、議案書、予算・決算、本会議以外の資料等もフロッピーでいただき、会議が始まる前に目を通すことができます。そういうシステムができています。どうしてもフロッピー化できないもの、例えば県の方でつくったもの、どこかからコピーしてきたもの、図面などはあきらめざるをえません。また、突然変更があった場合の対応はできません。

新聞などの情報はインターネットを利用できますが、町の小さな情報は自分であるくよりほかはありません。

視察は、同僚議員が気軽にサポートしてくれています。それで不自由を感じたことはないですね。

（衛藤） 議案書、予算書を含めて、資料はほとんど点字化していただいています。その他の、例えば、障害者基本計画など、必要な場合は全文点字化することが定着しています。移動については、当初から障害者議員に対する介助制度が必要とお願いしていましたが、２年目から申し合わせ事項として、申し出があった場合には、出張の時、事務局員１名をふやすことができるという、規約改正をして対応していただいています。

（田村） 議案資料等については、点字はあまり読めませんので、点字化は要求していません。以前は会議当日の配布がちょくちょくあったのですが、当日では読めないので、できるだけ事前配布にしてもらっています。当日配布の分はその場で事務局職員の方に読んでいただいています。

介助の方は、視察、研修等は事務局員がつくか、同僚議員が協力してくれますので、特に問題なくやっています。議会に対して特別な要求はしていません。

（堀） それぞれ対応は違っているようです。私たち仲間の議員でも点字の触読が可能な人もいれば、点字の必要がない人もいます。それぞれの議員の点字なりパソコンなり、それぞれの要望で決めていくよりほかはないですね。その中で、文書処理、情報関係で晴眼者と比べて、

議員活動が不可能な面はありますか。あまり感じませんか。

（田村） 常任委員長を２年間しましたが、やはり採決の時など事務局の職員に確認してもらったりして、特に問題はありませんでした。

（堀） 今後議員として活動していくとき、少しのサポートがあれば、目の見える人と変わりなく活動ができるという、自信はありますか。

（田村） やはり決算委員会とか、予算委員会などは無理だと言われました。

（堀） 私は環境委員会の委員長をつとめています。大臣の発言のときなど、私の左に委員部の職員が座って、名前を小声で教えてくれています。それ以外の方たちには役職、名前を名乗っていただいています。採決も、職員が与野党の筆頭理事に確認して、全会一致、多数などと教えてくれ、私が決裁をするかたちを取っています。必要な文書は委員部が点字で用意し、なんとか１年間やってきました。できないことはなかったです。それでは参議院議長はどうかといいますと、これはならないからいいですね。

未知の部分はありますが物理的なサポートと同時に、同僚議員や事務局員の意識改革と理解が大切だと思います。時間がかかりますので、めんどうだなと思うこともありますが。

（藤田） 同僚議員には世話になりたくないという意識があります。何かあるときに、いつもお世話になっているので、反論できないことがあるからです。何かあったときに対抗できないし、しにくい。

（及川） サポートなどで経費が生じたとき、なかなかまわりの理解も得にくく、難しい面がありますね。

（田村） 同僚議員が、「これがノーマライゼーションですね」といって、手引きをしてくれた。そういった雰囲気作りが大切ではないでしょうか。

（堀） 時間も残り少なくなってきました。移動、情報処理など、視覚障害者ならではのハンディというものは、議員だから特別にあるのではなく、日常生活で困ることが、議員活動でも不自由するということですね。この解決は議員としての立場だけでなく、町や社会全体が解決されていく。議員活動のバリアが解決されていくのは、ひとつのシンボルではないかと思います。

今日の結びではありませんが、視覚障害者議員がいるのは、私は大きなプラスであると考えます。その議員が障害者福祉専門であろうが、障害をはなれて、１市民、１国民の立場で活動しようとそれぞれのポリシーでいいと思います。それの是非を決めるのは、選挙での市民、国民ですので、どれが正しいというのはありません。

今日、これだけは言いたいということがありましたらどうぞ。

（牛窪） 障害者にとって３つの保障、身体の移動、介助の保障、所得の保障。この３つがあればだいたい健常者と一緒に行動ができる。それは、高齢者もまったく同じですね。これを前面に出して、福祉、つまり人間の幸せ、障害を持った人が自由に生きられることは、いずれ

だれでもが通らなければならない、高齢者としての時間を自由に生きる事への保障なのです。このことをアピールしています。

（堀） 視覚障害者議員ネットワーク、会員はOBを含めて17人ですが、この数字が多いか少ないかはわかりません。10年、20年前にくらべネットワークがつくれるほどの数になりました。21世紀は、目が不自由でも、どこかに障害があっても、普通に議員になり、まわりも何の疑問も持たない、そういう社会なり、政治をつくらなければなりません。

来年度統一地方選挙がありまして、2期目を目指す方も多数いらっしゃいます。私たちが日頃考え、悩み、政策として実現したいことを進めるには、1期ではたりません。2期目になって少し力を認められ、3期目でようやく実現するというのがパターンのようです。来年の選挙には頑張っていただく事をお願いして、この座談会を終わりたいと思います。ありがとうございました。

視覚障害者議員ネットワーク名簿

2003年2月現在

※（）内は所属政党・当選回数

代 表

堀　利和 参議院 （民主党・2）	〒100-8962 東京都千代田区永田町 2-1-1 参議院議員会館 209号 ☏03-3508—2209（F）03-5512-2209 Toshikazu_hori@sangiin.go.jp	弱・点

事務局

田村　敏明 夜久野町議 （無所属・4）		弱・墨
青木　学 新潟市議 （社会民主市民連合・2）		全・点
浅井　良一 東市来町議（2）		弱・墨
牛窪　多喜男 川越市議 （啓政会・1）		全・点

※本書に転載するにあたり、個人の住所等連絡先は非表示としました

衛藤　良憲 大分市議 （民主クラブ・2）		全・点
及川　清隆 水沢市議 （想像 21・1）		弱・点
岡村　仁志 三和町議 （日本共産党・9）		全・墨
門田　司郎 筑後市議（5）		弱・墨
狩野　友衛 伊香保町議（1）		弱・墨
塩崎　悦万 海山町議 （無所属・1）		全・点
関　米一郎 元・伊香保町議		全・点

林　道夫 夜須町議 （無所属・1）		全・点
藤田　芳雄 長岡市議 （民成クラブ・1）		全・点
藤本　学 元・広川町議		弱・墨
本郷　貞雄 都城市議		弱・墨
松本　良人 精華町議（1）		全・点
宮崎　東介 元・島原市議 （無所属）		全・点
和田　賢二 土佐町議 （日本共産党・4）		弱・墨

等しく教育権は保障された。しかし、その健常児とはソーシャルディスタンス。

非正規が6割（一般は約4割）を含む障害雇用労働者数は、昨年6月1日時点で57万8292人であった。この数字を、全労働者数からどう見るかである。確かにそれでも雇用者数（雇用率）は以前より増えたことが確かで、しかしその実態は雇用率制度のあり方や脱法的行為ともいえる不当な雇用環境がそこにみてとれるのである。しかも同時に、今回のコロナ禍の不況の中で一般労働者より障害者の失業率の方が高いと言える。だが、その失業数が一般失業者より圧倒的に少ないため、なかなか可視化されにくい。いやもう少しその実態を正確に言えば、「平時」においても職場での定着率は低く、特に精神障害者の場合は半年、1年、2年の時間軸をみる限り離職者は多い。いわば回転ドアのような、その上での雇用率なのである。（雇用率の実態調査は毎年6月1日時点）。

いずれにしろ、こうした一連の社会現象は障害者にとって「当たり前」化された有事、それらはあたかも「平時」を装った有事の、日常なのである。日本国憲法第25条の「生存権」保障は、「最低限度」の劣等処遇的「平時」の姿そのものである。最後に一言書き添えて終わる。

人類の天敵はウィルスといわれるが、人間の天敵は人間自身である。欲望と利潤のかなたに希望は見えない。

2021年3月

（特定非営利活動法人共同連「れざみ」172号より）

〔資料〕

「平時」の仮面、仮面の告発

～障害者にとっての「平時」はすなわち有事～

堀　利和

新型コロナ感染症は確かに自然災害であるともいえるが、しかしそれは同時に、無能政府の状態の人災でもある。「へぼ将棋、王より飛車を可愛がる」というように、「へぼ政治、国民より政権を可愛がる」。そのため、経済政策を優先し、その結果、感染症対策が後手後手のちぐはぐにならざるをえず、そのことがかえって経済に悪影響を与えた。応えは、すなわち、経済のためにはなによりも感染症対策を優先させることである。感染症対策が経済対策である。

多くの人が仕事や住まいを失い、しかもそれらは社会的に弱者である人々、とりわけ非正規の契約社員やアルバイト、技能実習生などの外国人移住者たちを直撃した。リーマンショックの際には製造業の派遣社員などの雇止め、それにひきかえ今回はサービス小売業などの特に多くの女性たちを失業に追い込んだ。それが金融危機と感染症危機の違いである。

しかしその一方で、だからといって社会的弱者である障害者全員が、必ずしもそうなったわけではない。もちろん、ソーシャルディスタンスによって孤立を一層強いられたことも確かである。これをどう見るかである。極論すれば、障害者にとっての「平時」は常に有事なのである。

身体、知的および精神障害者、総勢50万人もの障害者が施設や精神病院の塀の中、幸い「住まい」を失うことはなかった。しかし、これらは障害者の人間性を失わせている。14万3千人の障害児が、地域から切り離された見えざる壁の特別支援学校、健常児と同じように

◎著者略歴

上保晃平（うわほ こうへい）
1998 年、広島県生まれ。
2021 年 3 月、一橋大学社会学部（政治学専攻）卒業。
同年 4 月から朝日新聞記者。

＊監修者略歴

堀　利和（ほり としかず）
小学校 4 年生の時、清水小学校から静岡盲学校小学部に転校、東京教育大学附属盲学校高等部、明治学院大学、日本社会事業学校卒。
参議院議員二期（社会党、民主党）。立教大学兼任講師。
現在、特定非営利活動法人共同連顧問。季刊『福祉労働』編集長。
〈著書〉
詩集『相剋』（1974 年）
『障害者と職業選択』共著　三一書房（1979 年）
『生きざま政治のネットワーク』編著　現代書館（1995 年）
『共生社会論―障がい者が解く「共生の遺伝子」説―』現代書館（2011 年）
『日本発　共生・共働の社会的企業―経済の民主主義と公平な分配を求めて』共同連編　現代書館（2012 年）
『はじめの障害者問題―社会が変われば「障害」も変わる―』現代書館（2013 年）
『障害者が労働力商品を止揚したいわけ―きらない わけない ともにはたらく―』社会評論社（2015 年）
『アソシエーションの政治・経済学―人間学としての障害者問題と社会システム―』社会評論社（2016 年）
『私たちの津久井やまゆり園事件　障害者とともに〈共生社会〉の明日へ』編著　社会評論社（2017 年）
『障害者から「共民社会」のイマジン』社会評論社（2018 年）
『私たちは津久井やまゆり園事件の「何」を裁くべきか　美帆さんと智子さんと、甲 Z さんを世の光に！』編著　社会評論社（2020 年）
『障害社会科学の視座―障害者と健常者が共に、類としての人間存在へ―』社会評論社（2020 年）

重度障害者が国会の扉をひらく！
木村英子、舩後靖彦の議会参加をめぐって

2021年4月20日　初版第1刷発行

著者　：上保晃平　　監修：堀 利和
装幀　：中野多恵子
発行人：松田健二
発行所：株式会社 社会評論社
東京都文京区本郷2-3-10
電話：03-3814-3861　Fax：03-3818-2808
http://www.shahyo.com
組版　　　：Luna エディット.LLC
印刷・製本：倉敷印刷 株式会社